Die gesamte Grammatik kurz gefasst

von
Bettina Malek

Klett Lerntraining

Bibliografische Information der Deutschen Bibliothek
Die Deutsche Bibliothek verzeichnet diese Publikation in der Deutschen Nationalbibliografie; detaillierte bibliografische Daten sind im Internet über http://dnb.ddb.de abrufbar.

Hinweis: Der Online-Zugang zu den Übungen ist bis sechs Jahre nach Ersterscheinen des Buches gewährleistet.

Bildnachweis:
Cover: iStockphoto (Matthew Dixon), Calgary, Alberta
Eifelturm: Avenue Images GmbH (Image Source RF), Hamburg
Lavendel: Avenue Images GmbH (PhotoDisc), Hamburg
Arc de Triomphe: Avenue Images GmbH (eatrice pr.ve), Hamburg

Sollte es in einem Einzelfall nicht gelungen sein, den korrekten Rechteinhaber ausfindig zu machen, so werden berechtigte Ansprüche selbstverständlich im Rahmen der üblichen Regelungen abgegolten.

Auflage 4 3 2 1 | 2016 2015 2014 2013
Die letzten Zahlen bezeichnen jeweils die Auflage und das Jahr des Druckes.
Dieses Werk folgt der neuesten Rechtschreibung und Zeichensetzung. Ausnahmen bilden Texte, bei denen künstlerische, philologische oder lizenzrechtliche oder andere Gründe einer Änderung entgegenstehen.

www.klett.de/lernhilfen

Produktsteuerung: Sandra Meyer, Astrid Proctor
Teamleiterin Lernhilfen Sekundarstufe 1: Christine Sämann
Redaktion: Anja Taupitz
Umschlaggestaltung: Sabine Kaufmann, Stuttgart
Satz: Andrea Eckhardt, Göppingen
Druck: AZ Druck und Datentechnik GmbH, Kempten
Printed in Germany
ISBN 978-3-12-926054-8

9 783129 260548

INHALT

Vorwort 5

So funktionieren die Online-Abschlusstests 6

Découvertes 1 **7**
QUICK-FINDER alle Themen auf einen Blick 8–9
Online-Abschlusstest 43

Découvertes 2 **45**
QUICK-FINDER alle Themen auf einen Blick 46–47
Online-Abschlusstest 85

Découvertes 3 **87**
QUICK-FINDER alle Themen auf einen Blick 88–89
Online-Abschlusstest 123

Découvertes 4 **125**
QUICK-FINDER alle Themen auf einen Blick 126–127
Online-Abschlusstest 157

Découvertes 5 **159**
QUICK-FINDER alle Themen auf einen Blick 160–161
Online-Abschlusstest 183

Unregelmäßige Verben 184

Stichwortverzeichnis 192

INHALT

Alle Online-Abschlusstests auf einen Blick

Découvertes 1 43
Découvertes 2 85
Découvertes 3 123
Découvertes 4 157
Découvertes 5 183

Vorwort

Hallo liebe Schülerin, hallo lieber Schüler!

Wie war das noch mal mit der Zeitenfolge in der indirekten Rede? Oder wann verwende ich *ce qui* und *ce que*? – Du möchtest im Unterricht, zu Hause oder unterwegs die Grammatik zu deinem Découvertes-Schulbuch immer griffbereit haben? Auch zu den Schuljahren, zu denen du das Schulbuch gar nicht mehr besitzt?
Mit diesem handlichen Buch kannst du jederzeit und schnell alle wichtigen Regeln nachlesen.

So findest du dich im Buch zurecht:

1. Jedes Kapitel umfasst ein Schuljahr und ist abgestimmt auf dein Découvertes-Schulbuch. Es beginnt jeweils mit einem QUICK-FINDER. Ein Quick-Finder ist ein extra Inhaltsverzeichnis. Hier findest du schnell und gezielt die einzelnen Grammatikthemen.

2. Jedes Thema ist mit **Beispielen** und **Regeln** anschaulich erklärt, so kannst du auch die schwierigsten Themen problemlos verstehen.

3. Nach jedem Kapitel hast du die Möglichkeit, deine Grammatikkenntnisse mit einem **Online-Abschlusstest** zu überprüfen. Auf der nächsten Seite wird dir genau erklärt, wie du zu den Online-Abschlusstests gelangst.

Wir wünschen dir viel Erfolg mit deiner neuen Grammatik!
Dein Klett-Lerntraining-Team

So funktionieren die Online-Abschlusstests

Mit den Online-Abschlusstests kannst du im Internet deine Stärken und Schwächen ermitteln. Und so geht's:

1. **Melde dich an**
   Gehe auf die Seite **www.klettlerntraining.de** und registriere dich kostenlos mit deiner E-Mail-Adresse und einem von dir gewählten Passwort.

2. **Wähle dein Buch**
   Wähle die Reihe „kompaktWissen" und dann dein Buch „kompaktWissen Découvertes 1 - 5" aus.

3. **Aktiviere die Übungen**
   Gib nun unter dem Buchcover deinen Online-Buchcode ein **KD80S15** und die Tests sind für dich freigeschaltet.

4. **Leg' los**
   Klickst du dein entsprechendes Découvertes-Schulbuch an, erhältst du eine Übersicht über alle Tests. Suche dir nun einen Test aus und bearbeite die Aufgaben. Du kannst jeden Test beliebig oft wiederholen oder abbrechen und später beenden.
   Dein Testergebnis wird dir nach deiner Bearbeitung angezeigt. So siehst du, was du schon kannst und was du nochmals wiederholen solltest.

Découvertes 1

Découvertes 1

QUICK-FINDER

1 Das Nomen und der Artikel
- Der Plural des Nomens ➛ S. 10
- Der Artikel ➛ S. 11

2 Pronomen
- Die Subjektpronomen *(je, tu, …)* ➛ S. 12
- Der Relativsatz mit *qui, que, où* ➛ S. 13
- Die direkten Objektpronomen *le, la, les* ➛ S. 14
- Die Objektpronomen *me, te, nous, vous* ➛ S. 15

3 Verben und Zeiten
- Die Verben auf *-er* ➛ S. 17
- Verben auf *-er* mit Besonderheiten ➛ S. 18
- Die Verben auf *-dre* ➛ S. 19
- Die Verben auf *-ir* ➛ S. 20
- Die Verben *avoir* und *être* ➛ S. 21
- Weitere unregelmäßige Verben ➛ S. 21
- Die Verneinung ➛ S. 25
- Das Futur composé ➛ S. 26
- Das Passé composé mit *avoir* / mit *être* ➛ S. 27

4 Fragen stellen / Der Satz
- Die Entscheidungsfrage / Ergänzungsfrage ➛ S. 30

- Fragen mit *est-ce que* → S. 30
- Die indirekte Rede / Entscheidungsfrage → S. 32
- Der Aussagesatz → S. 33

5 Zahlen und Uhrzeit
- Die Zahlen von 1 bis 1000 → S. 34
- Die Uhrzeit (umgangssprachlich) → S. 36

6 Weitere Begleiter des Nomens
- Die Possessivbegleiter → S. 36
- Die Demonstrativbegleiter (*ce, cet, …*) → S. 38

7 Präpositionen
Die Präpositionen *à* und *de* + best. Artikel → S. 39

8 Objekte
Das direkte und das indirekte Objekt → S. 40

9 Das Adjektiv
- Die Stellung → S. 40
- Mask. und Fem. – Sing. und Pl. → S. 41

10 Angaben über Mengen machen → S. 42

Online-Abschlusstest → S. 43

1 Das Nomen und der Artikel

Der Plural des Nomens

Regel: Im Plural wird an die meisten Nomen ein -s angehängt.

Beispiele:	
un stylo une affiche	deux stylos deux affiches

Hinweise:
- Das -s wird nicht mitgesprochen.
- Bei bestimmten Endungen gibt es Besonderheiten bei der Pluralbildung:

Beispiele:		
-eau ➛ -eaux	un cadeau un gâteau	des cadeaux des gâteaux
-eu ➛ -eux	un dieu un jeu	des dieux des jeux
-al ➛ -aux	un animal un journal	des animaux des journaux
-ail ➛ -aux	un travail	des travaux
-s ➛ -s	un bus un temps	des bus des temps
ohne Plural -s	une BD un DVD	des BD des DVD
	– –	les W.-C. les Carbonne

Hinweis: Beachte außerdem folgende Formen:

madame – monsieur	mesdames – messieurs
une auberge de jeunesse	des auberges de jeunesse
une grand-mère	des grands-mères

Der Artikel

Der unbestimmte Artikel *un, une, des*

Im Französischen gibt es nur zwei grammatische Geschlechter: **Maskulinum** und **Femininum**.

Regeln:

- Die unbestimmten Artikel im Singular lauten *un* für die maskuline Form und *une* für die feminine Form. Die deutschen und französischen Nomen müssen nicht das gleiche Geschlecht haben.

Beispiele:	
une affiche un dessin	*ein Plakat* *eine Zeichnung*

- Der unbestimmte Artikel im Plural lautet immer *des*. Er gilt für die maskuline und die feminine Form. Im Deutschen gibt es keinen Plural des unbestimmten Artikels.

Beispiele:	
un chien une voiture	des chiens des voitures

Der bestimmte Artikel *le, la, les*

Regeln:

- Die bestimmten Artikel im Singular lauten *le* für die maskuline Form und *la* für die feminine Form.

Beispiele:	
un chien **une** voiture	**le** chien **la** voiture

- Vor einem Vokal werden *le* und *la* zu *l'* verkürzt.

Beispiele:	
une affiche **un** arbre	**l'**affiche **l'**arbre

- Der bestimmte Artikel im Plural lautet immer *les*. Er gilt für die maskuline und die feminine Form.

Beispiele:	
le chien **la** voiture	**les** chiens **les** voitures

- Das **-s** von *les* und *des* wird nur vor Vokal und stummem **h** gesprochen, d. h. gebunden.

Beispiele:
les‿amis les‿heures

2 Pronomen

Die Subjektpronomen

Regeln:

- Die Subjektpronomen stehen in Verbindung mit einem Verb und sind das Subjekt eines Satzes.
  Sie lauten *je, tu, il, elle, on, nous, vous, ils, elles*.

Beispiele:	
je – *ich* **tu** – *du* **il, elle, on** – *er, sie, man* **nous** – *wir* **vous** – *ihr* **ils, elles** – *sie* (m.), *sie* (f.)	Je suis Marie. Tu es Julie? Il habite à Paris. Nous aimons la musique. Vous allez à l'école? Elles cherchent une photo.

- Vor Vokal oder stummem **h** wird *je* zu *j'* verkürzt.

Beispiel:
habiter ➛ j'habite

- Das Subjektpronomen *on* wird in der Umgangssprache auch für die *nous*-Form verwendet. Es steht aber immer mit dem Verb in der 3. Person Singular.

Beispiel:
Nous habitons à Paris. = On habite à Paris.

- Das Subjektpronomen *ils* vertritt maskuline und gemischte Nomen im Plural, *elles* vertritt feminine Nomen im Plural.

Beispiele:	
Adrien et Bruno … ➛ ils Bruno et Emma … ➛ ils	Emma et Charlotte … ➛ elles

Der Relativsatz mit *qui, que, où*

Regel: Mit dem Relativsatz kann eine Sache oder Person näher bestimmt werden. Der Relativsatz beginnt mit dem Relativpronomen *qui, que* oder *où*:

qui:
– ist Subjekt des Relativsatzes – kann für Personen und Sachen stehen – ist unveränderlich
Beispiel:
Voilà la fille **qui** est aussi au club de sport. *Hier ist das Mädchen, das auch im Sportclub ist.*

que:
– ist Objekt des Relativsatzes – kann für Personen und Sachen stehen – ist unveränderlich – wird vor Vokal und stummen **h** zu *qu'* verkürzt
Beispiel:
Voilà le cadeau **que** j'ai reçu aujourd'hui. *Hier ist das Geschenk, das ich heute bekommen habe.*

où:
– bezieht sich auf eine Ortsbestimmung
Beispiel:
C'est la maison **où** j'habite. *Das ist das Haus, in dem ich wohne.*

Hinweis: Im Relativsatz wird kein Komma gesetzt.

Die direkten Objektpronomen *le, la, les*

Regel: Die direkten Objektpronomen der 3. Person lauten im Singular Maskulinum *le*, im Femininum *la*, im Plural *les*. Vor Vokal und stummem **h** werden *le* und *la* zu *l'*.

Beispiele:		
Elle prend **le train** à 7 heures?	Oui, elle **le** prend.	*Ja, sie nimmt ihn.*
Il prend **la valise?**	Oui, il **la** prend.	*Ja, er nimmt ihn.*
Elle aime **le thé**?	Oui, elle **l'**aime.	*Ja, sie mag ihn.*
Elle fait **les photos?**	Oui, elle **les** fait.	*Ja, sie macht sie.*

Regeln:

- Die Objektpronomen stehen vor dem Verb, zu dem sie gehören. Die Verneinung umschließt das Objektpronomen und das konjugierte Verb.

Beispiele:	
Il prend **la valise?** ➛	Oui, il **la** prend. Non, il **ne la** prend **pas.**

- Bei den Verben mit Infinitivanschluss (z. B. *aimer, vouloir, …*) stehen die Objektpronomen vor dem Infinitiv. Die Verneinung umfasst nur das konjugierte Verb.

Beispiele:	
Elle aime prendre **les photos?** ➛	Oui, elle aime **les** prendre. Non, elle **n'aime pas les** prendre.

Die Objektpronomen *me, te, nous, vous*

Regeln:

- Die direkten und indirekten Objektpronomen der 1. und 2. Person lauten im Singular *me* und *te* und im Plural *nous* und *vous*. Vor Vokal und stummem **h** werden *me* und *te* zu *m'* und *t'* verkürzt.

Beispiele: Direkte Objektpronomen	
Il **m'**invite? Il **t'**invite? Il **nous** invite? Il **vous** invite?	*Lädt er mich ein?* *Lädt er dich ein?* *Lädt er uns ein?* *Lädt er euch ein?*
➛ **inviter qn**; ebenso z. B.: entendre qn, appeler qn	

Beispiele: Indirekte Objektpronomen	
Il **me** donne le livre. Il **te** donne le livre. Il **nous** donne le livre. Il **vous** donne le livre.	*Er gibt mir das Buch.* *Er gibt dir das Buch.* *Er gibt uns das Buch.* *Er gibt euch das Buch.*
➛ **donner qc à qn**; ebenso z. B.: écrire qc à qn	

- Die Objektpronomen stehen vor dem Verb, zu dem sie gehören. Bei der Verneinung umschließen die Verneinungselemente das Objektpronomen und das konjugierte Verb.

Beispiele:	
Je **t'**entends. Je **ne t'**entends **pas**.	*Ich höre dich.* *Ich höre dich nicht.*

- Bei Verben mit Infinitivanschluss (z. B. *aimer, vouloir, pouvoir, …*) stehen die Objektpronomen vor dem Infinitiv. Die Verneinung umfasst das konjugierte Verb.

Beispiele:	
Il aime **me** donner le livre. Il **ne** veut **pas me** donner le livre.	*Er möchte mir das Buch geben.* *Er möchte mir das Buch nicht geben.*

3 Verben und Zeiten

Die Verben auf *-er*

Die regelmäßigen Verben

Regeln:

- Im Französischen enden die meisten Verben auf **-er**. Diese Verben werden meistens regelmäßig konjugiert:

	habiter	**chercher**
je/j'	habite	cherche
tu	habites	cherches
il/elle/on	habite	cherche
nous	habitons	cherchons
vous	habitez	cherchez
ils/elles	habitent	cherchent

- Das Verb besteht aus einem Stamm und einer Endung. Um das Verb zu konjugieren, wird an den Stamm die entsprechende Endung gehängt.

Beispiel:

Stamm ↘ ↙ Endung

habit er

- Die Endungen der 1., 2., 3. Person Singular und der 3. Person Plural werden nicht mitgesprochen.
- Vor Vokal und stummem **h** wird *je* zu *j'* verkürzt.

Der Imperativ

Regeln:

- Es gibt drei Formen für den Imperativ: die 2. Person Singular sowie die 1. Person und 2. Person Plural.

- Der Imperativ im Singular entspricht normalerweise der 1. Person Singular Präsens des jeweiligen Verbs.

Beispiel:	
Je regarde. – *Ich schaue.*	Regarde. – *Schau.*

- Der Imperativ im Plural entspricht normalerweise der 1. Person und 2. Person Plural des jeweiligen Verbs.

Beispiele:	
Nous écoutons. – *Wir hören.*	Ecoutons. – *Lasst uns zuhören!*
Vous écoutez. – *Ihr hört zu!*	Ecoutez. – *Hört zu! / Hören Sie zu!*

Hinweis: Die 2. Person Plural steht auch für die Höflichkeitsform.

Verben auf *-er* mit Besonderheiten

Regeln:

- Bei einigen Verben auf **-er** gibt es Abweichungen in der Konjugation: *manger, acheter, payer, commencer.*
- Bei Verben auf **-ger** (z. B. *manger, bouger, …*) wird bei der 1. Person Plural ein **-e** zwischen **-g** und **-o** eingefügt, damit die Aussprache erhalten bleibt.

Beispiel:	
manger	je mange, nous mangeons ils / elles mangent

- Die Verben *acheter* und *payer* werden regelmäßig gebildet, allerdings muss man die Schreibweise beachten:

acheter	payer
j'achète tu achètes il/elle/on achète nous achetons vous achetez ils/elles achètent	je paie tu paies il/elle/on paie nous payons vous payez ils/elles paient
Impératif: Achète./Achetons./Achetez.	Impératif: Paie./Payons./Payez.

- Bei dem Verb *commencer* muss in der 1. Person Plural beim **-c** eine Cédille (**ç**) eingefügt werden, um die Aussprache zu erhalten.

commencer	
je commence nous commen**ç**ons ils/elles commencent	Impératif: Commence./Commen**ç**ons./ Commencez.

Die Verben auf *-dre*

Regeln:

- Die zweite Gruppe regelmäßiger Verben sind die Verben auf **-dre**:

attendre	
j'atten**ds** tu atten**ds** il/elle/on atten**d**	nous atten**dons** vous atten**dez** ils/elles atten**dent**
Impératif: Atten**ds**./Atten**dons**./Atten**dez**.	

Ebenso: *entendre, répondre, vendre*

- Die Endungen der 1., 2., 3. Person Singular und der 3. Person Plural werden nicht mitgesprochen. Achte auf die Schreibung.
- Das **-d** wird nur mitgesprochen, wenn ein stummes **-e** oder **-ent** folgt.

Die Verben auf *-ir*

Regel: Die Verben auf **-ir** bilden eine weitere Gruppe.

sortir	
je sor**s** tu sor**s** il/elle/on sor**t**	nous sor**tons** vous sor**tez** ils/elles sor**tent**
Impératif: Sors./Sortons./Sortez. Participe passé: sorti	
partir	
je par**s** tu par**s** il/elle/on par**t**	nous par**tons** vous par**tez** ils/elles par**tent**
Impératif: Pars./Partons./Partez. Participe passé: parti	
dormir	
je dor**s** tu dor**s** il/elle/on dor**t**	nous dor**mons** vous dor**mez** ils/elles dor**ment**
Impératif: Dors./Dormons./Dormez. Participe passé: dormi	

Die Verben *avoir* und *être*

Regel: Die Verben *avoir* und *être* sind unregelmäßig:

avoir	être
j'ai tu as il/elle/on a nous avons vous avez ils/elles ont	je suis tu es il/elle/on est nous sommes vous êtes ils/elles sont

Hinweis: Bei der 3. Person Plural muss gut auf die Aussprache geachtet werden:

ils‿ont – avoir	ils sont – être

Regel: Für Altersangaben wird das Verb *avoir* verwendet.

Beispiel:
Tu as quel âge? – J'ai dix ans.

Weitere unregelmäßige Verben

Das Verb *faire*

je fais tu fais il/elle/on fait	nous faisons vous faites ils/elles font

Das Verb *aller*

je vais tu vas il/elle/on va	nous allons vous allez ils/elles vont
Impératif: Va./Allons./Allez.	

Hinweis: Nach *aller* folgt in der Regel die Präposition *à*, wenn man zu einem Ort geht, geht man zu einer Person, wird die Präposition *chez* verwendet.

Beispiele:	
Nous allons au cinéma.	Je vais chez une copine.

Das Verb *vouloir*

je **veux** tu **veux** il/elle/on **veut**	nous **voulons** vous **voulez** ils/elles **veulent**

Das Verb *pouvoir*

je **peux** tu **peux** il/elle/on **peut**	nous **pouvons** vous **pouvez** ils/elles **peuvent**

Das Verb *savoir*

je **sais** tu **sais** il/elle/on **sait**	nous **savons** vous **savez** ils/elles **savent**

Regeln:

- Nach den Verben *vouloir, pouvoir* und *savoir* kann ein Infinitiv stehen. Beachte folgende Stellungsregeln: Verb + Infinitiv
- Die Verneinung umschließt *vouloir, pouvoir, savoir.*

Beispiele:
Je **veux aller** au cinéma. Je **ne veux pas aller** au cinéma.

Hinweis: *Pouvoir* bedeutet *können* im Sinne von etwas *machen können*; *savoir* bedeutet: *können* im Sinne von *wissen*.

Das Verb *boire*

je bois tu bois il/elle/on boit	nous buvons vous buvez ils/elles boivent
Impératif: Bois./Buvons./Buvez.	

Das Verb *dire*

je dis tu dis il/elle/on dit	nous disons vous dites ils/elles disent
Impératif: Dis./Disons./Dites.	

Die Verben *écrire* und *lire*

écrire	lire
j'écris tu écris il/elle/on écrit	je lis tu lis il/elle/on lit
nous écrivons vous écrivez ils/elles écrivent	nous lisons vous lisez ils/elles lisent
Impératif: Ecris./Ecrivons./ Ecrivez.	Impératif: Lis./Lisons./Lisez.

Das Verb *mettre*

je mets tu mets il/elle/on met	nous mettons vous mettez ils/elles mettent
Impératif: Mets./Mettons./Mettez. Passé composé: **j'ai mis**	

Das Verb *ouvrir*

j'ouvre tu ouvres il/elle/on ouvre	nous ouvr**ons** vous ouvr**ez** ils/elles ouvr**ent**
Impératif: Ouvre./Ouvrons./Ouvrez.	

Das Verb *prendre*

je prends tu prends il/elle/on prend	nous prenons vous prenez ils/elles prennent
Impératif: Prends./Prenons./Prenez.	

Das Verb *venir*

je viens tu viens il/elle/on vient	nous venons vous venez ils/elles viennent
Impératif: Viens./Venons./Venez. Passé composé: **je suis venu(e)**	

Das Verb *voir*

je vois tu vois il/elle/on voit	nous voyons vous voyez ils/elles voient
Impératif: Vois./Voyons./Voyez. Passé composé: **j'ai vu**	

Die Verneinung

Die Verneinung mit *ne ... pas*

Regel: Die Verneinung besteht im Französischen aus zwei Wörtern: *ne* und *pas*. Diese umschließen das konjugierte Verb. Vor Vokal und stummem **h** wird ne zu *n'* verkürzt.

Beispiel:	
Il **ne** travaille **pas.**	*Er arbeitet nicht.*

Hinweise:

- In der Umgangssprache wird das *ne* oft nicht mitgesprochen.
- Bei einem Satz ohne Verb fällt das *ne* raus.
- Wird eine verneinte Frage gestellt, kann man mit *si (doch)* wiedersprechen.

Beispiele:	
Tu vas à la piscine maintenant?	Non, **pas** aujourd'hui.
Tu ne veux pas participer?	**Si.**

Die Verneinung *ne ... plus, ne ... jamais, ne ... rien*

Regel: Dies sind weitere Verneinungsformen. Es gelten die gleichen Regeln wie bei *ne ... pas*.

Beispiele:	
Je **ne** cherche **plus** mon pull.	*Ich suche meinen Pullover nicht mehr.*
Elle **ne** va **jamais** à la piscine.	*Sie geht nie ins Schwimmbad.*
Il **ne** fait **rien** aujourd'hui.	*Er macht heute nichts.*

Die Verneinung und die Begleiter

Regel: Wenn nach der Verneinung ein Nomen folgt, wird dieses mit *de* angeschlossen bzw. der unbestimmte Artikel durch *de* ersetzt.

Beispiel:	
Est-ce qu'elle a **des** devoirs aujourd'hui?	Non, elle **n'a pas de** devoirs aujourd'hui.

Achtung: Wird das Verb *être* verneint, folgt danach derselbe Begleiter wie im bejahten Satz.

Beispiel:	
Léo, c'est **un** chien?	Mais non, ce **n'est pas un** chien, c'est un chat.

Achtung: Nach *aimer* folgt immer der bestimmte Artikel.

Beispiel:	
J'aime **le** foot.	Je **n'aime pas le** foot.

Das Futur composé

Regel: Mit dem *Futur composé* kannst du ein Geschehen in der Zukunft ausdrücken. Es wird gebildet mit einer konjugierten Form des Verbs *aller* und einem Infinitiv.

Beispiele:	
Je **vais lire** le livre.	*Ich werde das Buch lesen.*
Tu **vas regarder** le film?	*Wirst du den Film schauen?*
Il **va commencer.**	*Er wird beginnen.*
Nous **allons dormir.**	*Wir werden schlafen.*
Vous **allez travailler.**	*Ihr werdet arbeiten.*
Ils **vont écouter** un CD.	*Sie werden eine CD hören.*

Hinweis: Die Verneinung umschließt wieder das konjugierte Verb.

Beispiel:	
Elle **ne va pas** commencer.	*Sie wird nicht beginnen.*

Das Passé composé mit *avoir/être*

Das Passé composé mit *avoir*

Regeln:

- Mit dem *Passé composé* berichtest du über ein Geschehen in der Vergangenheit. Die meisten Verben bilden das *Passé composé* mit dem Hilfsverb *avoir* im Präsens und dem entsprechenden *Participe passé* eines Verbs.

Beispiele:	
j'**ai parlé**	*ich habe gesprochen*
tu **as parlé**	*du hast gesprochen*
il/elle/on **a parlé**	*er/sie/es hat gesprochen*
nous **avons parlé**	*wir haben gesprochen*
vous **avez parlé**	*ihr habt gesprochen*
ils/elles **ont parlé**	*sie haben gesprochen*

- Die Verneinung umschließt das Hilfsverb beim *Passé composé*.

Beispiele:	
Tu as regardé ce film à la télé hier? ➛ Non, je **n'ai pas regardé** ce film hier.	*Hast du diesen Film gestern im Fernsehen gesehen?* *➛ Nein, ich habe diesen Film gestern nicht gesehen.*

- Die Verben auf **-er** bilden das Participe *passé* mit **-é**.

Beispiele:		
J'ai travaill**é** beaucoup.	travaill**er** ➛	j'ai travaill**é**
J'ai mang**é** ce matin.	mang**er** ➛	j'ai mang**é**

- Die regelmäßigen Verben auf **-dre** bilden das *Participe passé* mit **-u**.

Beispiel:		
J'ai vend**u** mes jouets.	vend**re** ➛	j'ai vend**u**

- Die Verben auf **-ir** (Gruppe *dormir*) bilden das *Participe passé* mit **-i**.

Beispiel:		
J'ai bien dorm**i**.	dorm**ir** ➛	j'ai dorm**i**

- Einige Verben haben ein unregelmäßiges *Participe passé*, das nicht abgeleitet werden kann.

Infinitiv	**Passé comp.**	**Infinitiv**	**Passé comp.**
avoir	j'ai **eu**	écrire	j'ai **écrit**
être	j'ai **été**	faire	j'ai **fait**
savoir	j'ai **su**	prendre	j'ai **pris**
pouvoir	j'ai **pu**	apprendre	j'ai **appris**
vouloir	j'ai **voulu**	comprendre	j'ai **compris**
boire	j'ai **bu**	ouvrir	j'ai **ouvert**
lire	j'ai **lu**	offrir	j'ai **offert**
dire	j'ai **dit**		

Das Passé composé mit *être*

Regeln:

- Einige Verben bilden das *Passé composé* nicht mit dem Hilfsverb *avoir*, sondern mit dem Hilfsverb *être*:

aller – il **est** allé	**venir** – il **est** venu
arriver – il **est** arrivé	**partir** – il **est** parti
entrer – il **est** entré	**sortir** – il **est** sorti
rester – il **est** resté	**tomber** – il **est** tombé
monter – il **est** monté	**descendre** – il **est** descendu
rentrer – il **est** rentré	**revenir** – il **est** revenu

- Beim *Passé composé* mit *être* ist das *Participe passé* veränderlich. Es wird in Numerus und Genus an das Subjekt angeglichen. Die Verneinung umklammert wieder das Hilfsverb.

Beispiele:		
Ben est rentré à 9 heures.	–	mask., Sg.
Claire est arrivée à 10 heures.	-e	fem., Sg.
Ben et Julien sont entrés ensemble.	-s	mask., Pl.
Ben, Julien et Claire sont restés pendant 2 heures.	-s	mask. + fem., Pl.
Mathilde et Sarah ne sont pas venues.	-es	fem., Pl.

4 Fragen stellen / Der Satz

Die Entscheidungsfrage

Regel: Die Entscheidungsfrage ist eine Frage ohne Fragewort. Zur Unterscheidung wird am Satzende die Stimme gehoben und im Schriftlichen ein Fragezeichen gesetzt.

Beispiel:	
C'est une fille.	C'est une fille? ➛ Oui.

Die Ergänzungsfrage

Regeln:
- Die Ergänzungsfrage ist eine Frage mit Fragewort.

Beispiel:	
Tu t'appelles **comment**?	Je m'appelle Théo.

- Weitere Fragewörter lauten z. B.: *qui, que, où*. Vor Vokal und stummem **h** wird *que* zu *qu'* verkürzt.

Beispiele:	
Que fait Théo? **Qui** est Théo?	*Was macht Théo?* *Wer ist Théo?*

Hinweis: In der Umgangssprache kann das Fragewort auch hinter das Verb treten.

Beispiel:	
Il est **où**, le livre?	*Wo ist das Buch?*

Fragen mit *est-ce que*

Entscheidungsfragen

Regel: Entscheidungsfragen können auch mit *est-ce que* gebildet werden. *Est-ce que* wird an den Anfang des Aussagesatzes gestellt.

Beispiele:	
Est-ce que tu habites ici?	*Wohnst du hier?*
Est-ce qu'elle fait une affiche?	*Macht sie ein Plakat?*

Ergänzungsfragen

Regel: Auch die Ergänzungsfrage kann mit *est-ce que* gestellt werden. Das Fragewort steht immer am Satzanfang, die Satzstellung bleibt wie im Aussagesatz.

Beispiele:	
Quand **est-ce que** tu viens?	*Wann kommst du?*
Pourquoi **est-ce que** tu demandes?	*Warum fragst du?*
Où **est-ce que** Sara habite?	*Wo wohnt Sara?*
Comment **est-ce qu'**elle prépare la fête?	*Wie bereitet sie die Feier vor?*
Qu'**est-ce que** tu fais?	*Was machst du?*

Hinweise:

- Die Ergänzungsfragen werden in der Umgangssprache oft ohne *est-ce que* gestellt. Das Fragewort steht in diesem Fall hinter dem Verb.

Beispiel:	
Il est où?	*Wo ist er?*

- In der Schriftsprache kann das Thema des Satzes auch als Nomen und Subjektpronomen auftauchen.

Beispiel:	
Il est où, **le livre**?	*Wo ist es, **das Buch**?*

- Ist das Subjekt ein Name oder ein Nomen, kannst du *que* bei kurzen Ergänzungsfragen einsetzen. Das Subjekt folgt dann dem Verb.

Beispiel:	
Que fait maman?	*Was macht Mama?*

Die indirekte Rede

Regel: Mit der indirekten Rede können Äußerungen Dritter wiedergegeben werden. Die indirekte Rede wird mit *que* eingeleitet. Vor Vokal und stummem **h** wird *que* zu *qu'*.

Hinweis: Denke auch an das Anpassen von Pronomen, Verbformen und Begleitern.

Beispiele:	
Pia raconte: « Nous préparons une fête à l'école. » ➛ *Pia erzählt: „Wir bereiten in der Schule ein Fest vor."*	Pia raconte **qu'**ils préparent une fête à l'école. *Pia erzählt, dass sie in der Schule ein Fest vorbereiten.*
Jan dit: « Je ne veux pas participer. » ➛ *Jan sagt: „Ich möchte nicht teilnehmen."*	Jan dit **qu'**il ne veut pas participer. *Jan sagt, dass er nicht teilnehmen möchte.*

Die indirekte Entscheidungsfrage

Regel: Mit der indirekten Frage können Fragen Dritter wiedergegeben werden. Die indirekte Entscheidungsfrage wird mit *si* eingeleitet, die Ergänzungsfrage durch das entsprechende Fragewort. Vor *il / ils* wird *si* zu *s'*.

Beispiele:	
Pia demande à Jan: « Est-ce que tu veux participer? » ➛ *Pia fragt Jan: „Möchtest du teilnehmen?“*	Pia demande à Jan **s'il** veut participer. *Pia fragt Jan, ob er teilnehmen möchte.*
Jan veut savoir: « Où est-ce que vous êtes? » ➛ *Jan möchte wissen: „Wo seid ihr?“*	Jan veut savoir où nous sommes. *Jan möchte wissen, wo wir sind.*

Der Aussagesatz

Regeln:

- Im Aussagesatz gilt die Satzstellung: S-P-O: Subjekt-Prädikat-Objekt.
- Das direkte Objekt steht vor dem indirekten Objekt.

Beispiele:
Le garçon achète un livre. **Subjekt Prädikat Objekt**
Le garçon donne **le livre** à sa **copine.** **dir. Obj. ind. Obj.**

5 Zahlen und Uhrzeit

Die Zahlen von 1 bis 1000

Die Zahlen von 1 bis 30

0 zéro	11 onze	21 vingt et un
1 un/une	12 douze	22 vingt-deux
2 deux	13 treize	23 vingt-trois
3 trois	14 quatorze	24 vingt-quatre
4 quatre	15 quinze	25 vingt-cinq
5 cinq	16 seize	26 vingt-six
6 six	17 dix-sept	27 vingt-sept
7 sept	18 dix-huit	28 vingt-huit
8 huit	19 dix-neuf	29 vingt-neuf
9 neuf	20 vingt	30 trente
10 dix		

Hinweis: Folgt auf *cinq, six, huit* und *dix* ein Nomen mit Konsonant, wird der letzte Buchstabe dieser Zahlen nicht mitgesprochen. Folgt auf *cinq, six, huit, dix* oder *vingt* ein Nomen mit Vokal oder stummem **h**, wird das Zahlwort gebunden.

Regel: Vor einem femininen Nomen wird *un* zu *une*.

Beispiele:	
cinq chiens (un chien)	cinq‿affiches (une affiche)
vingt‿affiches	vingt et une affiches

Die Zahlen von 30 bis 100

30 trente 31 trente **et** un 32 trente-deux	33 trente-trois 40 quarante 41 quarante **et** un
50 cinquante 51 cinquante **et** un 60 soixante 61 soixante **et** un 70 soixante-dix 71 soixante **et** onze 72 soixante-douze 73 soixante-treize 74 soixante-quatorze 75 soixante-quinze 76 soixante-seize 77 soixante-dix-sept 78 soixante-dix-huit 79 soixante-dix-neuf	80 quatre-vingts 81 **quatre-vingt-un** 82 quatre-vingt-deux 90 quatre-vingt-dix 91 **quatre-vingt-onze** 92 quatre-vingt-douze 93 quatre-vingt-treize 94 quatre-vingt-quatorze 95 quatre-vingt-quinze 96 quatre-vingt-seize 97 quatre-vingt-dix-sept 98 quatre-vingt-dix-huit 99 quatre-vingt-dix-neuf 100 cent

Die Zahlen von 101 bis 1000

101 cent un 200 deux cents 201 deux cent **un** 202 deux cent **deux** 500 cinq cents	600 six cents 700 sept cents 800 huit cents 900 neuf cents 1000 mille

Regeln:

- Ab 100 werden die Einer und die Zehner nicht mehr mit einem Bindestrich verbunden.
- Ab 200 wird an die glatten Hunderter ein -s angefügt. Folgt aber eine weitere Zahl, wird kein -s angefügt.

Die Uhrzeit (umgangssprachlich)

Regeln:
- Die Uhrzeit wird mit *heure* angegeben. Da *heure* femininum ist, heißt es *une heure*.
- Ab *deux heures* musst du an das Plural -s denken.

Beispiele:
Il est **une** heure. Il est **quatre** heures.

- 12 Uhr und 24 Uhr haben besondere Bezeichnungen:

Beispiele:	
12 Uhr: Il est **midi.**	*Es ist zwölf Uhr (mittags).*
24 Uhr: Il est **minuit.**	*Es ist zwölf Uhr (nachts). / Es ist Mitternacht.*

- *et quart (Viertel nach)* steht ohne Artikel.
- *moins le quart (Viertel vor)* steht mit bestimmtem Artikel.
- *et demie (halb)* wird auf die vorausgehende Stunde dazugerechnet.

Beispiele:	
Il est dix heures et quart.	*Es ist Viertel nach zehn.*
Il est dix heures moins le quart.	*Es ist Viertel vor zehn.*
Il est dix heures et demie.	*Es ist halb elf.*

6 Weitere Begleiter des Nomens

Die Possessivbegleiter

Die Possessivbegleiter *mon, ton, son* ...

Regel: Diese Formen des Possessivbegleiters beziehen sich auf einen Besitzer. Sie richten sich in Numerus und Genus nach dem folgenden Nomen. Beginnt dieses Nomen im Singular feminin mit einem Vokal oder stummem **h**, musst du die maskuline Form nehmen.

Sg., mask.	Sg., fem.	Pl.
mon	ma	mes
ton	ta	tes
son	sa	ses

Beispiele:	
Laura montre **sa** sœur, **son** frère et **ses** parents sur une photo.	*Laura zeigt ihre Schwester, ihren Bruder und ihre Eltern auf einem Foto.*
C'est **ton affiche**? ➛	Non, ce n'est pas **mon affiche**.

Die Possessivbegleiter *notre, votre, leur* …

Regeln:

- Bei mehreren Besitzern gibt es folgende Formen:

Singular	Plural
notre	nos
votre	vos
leur	leurs

Beispiele:	
Voilà **notre** voiture. Voilà **nos** chats.	*Hier ist unser Auto.* *Hier sind unsere Katzen.*

Hinweis: Die Possessivbegleiter richten sich nur nach dem Genus und Numerus des folgenden Nomens.

- *Votre* und *vos* werden auch für die Höflichkeitsform verwendet.

Beispiel:	
Pardon, monsieur, où est **votre** magasin?	*Entschuldigen Sie, wo ist Ihr Geschäft?*

Die Demonstrativbegleiter *(ce, cet, cette, ces)*

Regel: Mit dem Demonstrativbegleiter *ce, cet, cette, ces* weist du auf etwas hin. Er entspricht auf Deutsch *dieser, diese, ...*. Der Demonstrativbegleiter richtet sich in Numerus und Genus nach dem folgenden Nomen:

	mask.	fem.
Sg.	**ce**	**cette**
Sg. vor Vokal, stummem h	**cet**	**cette**
Pl.	**ces**	**ces**

Beispiele:	
J'aime beaucoup **ce** magasin.	*Dieses Geschäft mag ich sehr gerne.*
Nous habitons dans **cet** immeuble. Nous dessinons **cette** affiche.	*Wir wohnen in diesem Gebäude.* *Wir zeichnen dieses Plakat.*
J'ai vais acheter **ces** billets.	*Ich werde diese Fahrkarten kaufen.*

Hinweis: Wird der Demonstrativbegleiter mit einer Tageszeit verwendet, bedeutet *ce* heute.

Beispiel:	
cet après-midi	*heute Nachmittag*

7 Präpositionen

Die Präpositionen *à* und *de* + bestimmter Artikel

Regeln:

- Trifft die Präposition *à* auf den bestimmten Artikel, musst du folgende Regeln beachten:

à + le ➛ **au**	à und **le** verschmelzen zu **au**
à + la ➛ **à la**	à und **la** bleibt **à la**
à + l' ➛ **à l'**	à und **l'** bleibt **à l'**
à + les ➛ **aux**	à und **les** verschmelzen zu **aux**

Beispiele:	
Je suis **au** collège. (le collège) Il est **à l'**école. (une école)	*Ich bin im Collège.* *Er ist in der Schule.*

- Trifft die Präposition *de* auf den bestimmten Artikel, musst du folgende Regeln beachten:

de + le ➛ **du**	**de** und **le** verschmelzen zu **du**
de + la ➛ **de la**	**de** und **la** bleibt **de la**
de + l' ➛ **de l'**	**de** und **l'** bleibt **de l'**
de + les ➛ **des**	**de** und **les** verschmelzen zu **des**

Beispiele:	
Il vient **de l'**infirmerie. (une infirmerie) Voilà une photo **des** élèves. (les élèves)	*Er kommt aus der Krankenstation.* *Hier ist ein Foto der Schüler.*

8 Objekte

Das direkte und das indirekte Objekt

Regel: Das direkte Objekt steht direkt hinter dem Verb, ohne Präposition. Das indirekte Objekt wird mit einer Präposition an das Verb angeschlossen. Meistens mit der Präposition *à*.

Beispiel direktes Objekt:	
Ida **aide sa mère.** ➛ **aider qn**	*Ida hilft ihrer Mutter.*

Beispiel indirektes Objekt:	
Ida montre la photo **à Tobi.** ➛ **montrer qc à qn**	*Ida zeigt Tobi das Foto.*

Hinweis: Lerne die Verben immer mit ihren Anschlüssen.

9 Das Adjektiv

Die Stellung

Regeln:
- Im Gegensatz zum Deutschen stehen im Französischen die Adjektive meist nach dem Nomen.

Beispiel:	
un garçon **content**	*ein zufriedener Junge*

- Einige Adjektive stehen vor dem Nomen, z. B.: *petit, grand, bon, mauvais, joli, autre.*

Beispiel:	
un **petit** chat	*eine kleine Katze*

- Das Adjektiv kann auch durch ein Verb mit dem Nomen verbunden werden.

Beispiel:	
C'est un petit chat. ➛ Le chat **est petit.**	*Das ist eine kleine Katze.* *Die Katze ist klein.*

Maskulinum und Femininum – Singular und Plural

Regeln:

- Die Adjektive richten sich in Genus und Numerus nach dem Nomen, auf das sie sich beziehen.
- Die feminine Form wird gebildet, indem ein **-e** an die maskuline Form gehängt wird.

Beispiele:	
un pantalon bleu	une jupe bleue
un pantalon vert	une jupe verte

Hinweis: Hier wird unterschieden zwischen hörbaren und nicht hörbaren Formen:

Beispiele:			
Unterschied hörbar		Unterschied nicht hörbar	
content	contente	joli	jolie
allemand	allemande	noir	noire
français	française	espagnol	espagnole

- Endet ein Adjektiv bereits auf **-e**, so bleibt diese Form auch im Femininum erhalten.

Beispiel:	
un garçon triste	une fille triste

- Einige Adjektive haben Sonderformen, die du auswendig lernen musst.

Beispiele:				
m.	blanc	bon	faux	sportif
f.	blanche	bonne	fausse	sportive

- Im Plural wird an das Adjektiv ein **-s** angefügt.

Beispiele:	
des pantalons bleu**s**	des jupes bleue**s**
des pantalons vert**s**	des jupes verte**s**

- Endet ein Adjektiv im Maskulinum Singular bereits auf **-s** oder **-x**, so bleibt diese Form auch im Plural erhalten.

Beispiele:	
un CD françai**s**	des CD françai**s**
un devoir fau**x**	des devoirs fau**x**

Hinweis: Einige Adjektive sind im Singular und Plural unveränderlich, z. B. *marron, orange, super.*

Beispiele:		
un film super	une fête super	des films super

10 Angaben über Mengen machen

Regel: Um eine Menge anzugeben, verwendest du zwischen der Mengenangabe und dem folgenden Nomen *de*. Vor Vokal und stummem **h** wird *de* zu *d'* verkürzt.

Beispiel:	
J'ai **beaucoup de** travail.	*Ich habe viel Arbeit.*

Online-Abschlusstest

In diesem Kapitel konntest du alle Grammatikthemen von Découvertes 1 nachlesen.

Unter www.kompaktwissen.klettlerntraining.de kannst du nun überprüfen, wie sicher du den Stoff von Découvertes 1 beherrschst.

Zu den Themen von Découvertes 1 erhältst du Tests mit Aufgaben. Wenn du sie bearbeitet hast, bekommst du am Ende der Tests eine Auswertung.

Willst du immer im Blick haben, welche Themen du schon kannst oder was du besser nochmals wiederholst? Dann übertrage deine Online-Ergebnisse unten in die Tabelle.

Viel Erfolg beim Online-Test!

Mein Ergebnis im Online-Test – Découvertes 1

Thema	☒ Test gut bestanden	☒ will ich wiederholen
Nomen und Artikel		
Verben		
Adjektive		

Découvertes 2

Découvertes 2

QUICK-FINDER

1 Verben und Zeiten / Modi

- Die Verben auf *-ir* → S. 48
- Die reflexiven Verben → S. 49
- Unregelmäßige Verben → S. 50
- *il faut* → S. 54
- Die Verneinung *ne … personne* → S. 56
- Die Bildung des Participe passé → S. 56
- Das Passé composé mit *avoir* / mit *être* → S. 57
- Die Veränderlichkeit des Participe passé beim Passé composé mit *être* → S. 59
- Imparfait / Imparfait und Passé composé → S. 60
- *venir de faire qc* und *être en train de faire qc* → S. 62
- Infinitive mit *à*, *de* und ohne Präposition → S. 63
- Der Imperativ mit einem Pronomen → S. 65

2 Pronomen

- Die Objektpronomen *me, te, nous, vous* → S. 65
- Die direkten Objektpronomen *le, la, les* → S. 67
- Die indirekten Objektpronomen *lui, leur* → S. 68
- Der Relativsatz mit *qui, que, où* → S. 70
- Das Pronomen *en* → S. 71

- Die unverbundenen Personalpronomen → **S. 72**
- Präposition + *quoi*/Präposition + *qui* → **S. 72**

3 Fragen stellen / Der Satz
- Das Fragewort *quel* → **S. 73**
- Die Fragen mit *qui est-ce qui, qui est-ce que, …* → **S. 73**
- Die indirekte Rede und Frage → **S. 74**
- Die Inversionsfrage → **S. 75**
- Die Hervorhebung mit *c'est qui*/*c'est que* → **S. 76**

4 Zahlen
- 101 bis 999.999 → **S. 77**
- Die Ordnungszahlen → **S. 78**

5 Weitere Begleiter des Nomens
- Die Demonstrativbegleiter *ce, cet, cette, ces* → **S. 79**
- Der unbestimmte Begleiter *tout* → **S. 80**

6 Das Adjektiv
- Die Adjektive *beau, nouveau, vieux* → **S. 81**
- Die Steigerung der Adjektive → **S. 82**

7 Der Teilungsartikel → **S. 84**

Online-Abschlusstest → **S. 85**

1 Verben und Zeiten / Modi

Die Verben auf *-ir*

Regel: Die Verben auf *-ir* bilden eine weitere Konjugationsgruppe. Sie werden unterteilt in Verben ohne und mit Stammerweiterung.

Die Verben auf *-ir* (Gruppe *sortir, partir, dormir*): ohne Stammerweiterung

sortir	
je sors tu sors il / elle / on sort	nous sortons vous sortez ils / elles sortent
Impératif: Sors. / Sortons. / Sortez. Participe passé: sorti	
partir	
je pars tu pars il / elle / on part	nous partons vous partez ils / elles partent
Impératif: Pars. / Partons. / Partez. Participe passé: parti	
dormir	
je dors tu dors il / elle / on dort	nous dormons vous dormez ils / elles dorment
Impératif: Dors. / Dormons. / Dormez. Participe passé: dormi	

Die Verben auf *-ir* (Gruppe *finir*): mit Stammerweiterung
Die Besonderheit bei diesen Verben ist die Stammerweiterung im Plural mit -ss-.

finir	
je finis tu finis il/elle/on finit	nous finissons vous finissez ils/elles finissent
Impératif: Finis./Finissons./Finissez. Participe passé: fini	

Hinweis: Weitere Verben dieser Gruppe sind z. B.: *applaudir, choisir, réfléchir, réussir.*

- Die meisten Verben auf **-ir** bilden das *Participe passé* auf **-i**. (Ausnahme z. B.: ouvrir ➛ ouvert)

Die reflexiven Verben

Das Présent

Regeln:

- Die reflexiven Verben stehen immer mit einem Reflexivpronomen, sie lauten: *me, te, se, nous, vous, se.* Achte darauf, dass vor Vokal oder stummem **h** *me, te, se* zu *m', t', s'* verkürzt werden.

Beispiel:	
se trouver	
je **me** trouve tu **te** trouves il/elle/on **se** trouve	nous **nous** trouvons vous **vous** trouvez ils/elles **se** trouvent
Beispiele:	
La tour Eiffel **se trouve** à Paris.	*Der Eiffelturm befindet sich in Paris.*
Je **m'amuse** bien.	*Ich amüsiere mich.*

- Die Reflexivpronomen werden in die Verneinung mit eingeschlossen. Wende die gleichen Stellungsregeln wie bei den Objektpronomen an.

Beispiel:	
Nous **ne nous disputons pas.**	*Wir streiten uns nicht.*

Das Passé composé

Regel: Die reflexiven Verben bilden das *Passé composé* mit *être*. Auch hier musst du in den meisten Fällen an das Angleichen des *Participe passé* achten.

Beispiel:	
s'amuser	
je me suis amusé(e) tu t'es amusé(e) il s'est amusé **elle** s'est amusé**e** on s'est amusé(e)	nous nous sommes amusé(e)**s** vous vous êtes amusé(e)**s** ils se sont amusé**s** **elles** se sont amusé**es**

Unregelmäßige Verben

Das Verb *mettre*

Présent: je mets tu mets il/elle/on met	 nous mettons vous mettez ils/elles mettent
Impératif: Mets./Mettons./Mettez. Passé composé: j'ai **mis**	

Das Verb *voir*

Présent:	
je vois	nous voyons
tu vois	vous voyez
il/elle/on voit	ils/elles voient
Impératif: Vois./Voyons./Voyez. Passé composé: j'ai **vu**	

Das Verb *venir*

Présent:	
je **viens**	nous **venons**
tu **viens**	vous **venez**
il/elle/on **vient**	ils/elles **viennent**
Impératif: Viens./Venons./Venez. Passé composé: je suis **venu(e)**	

Das Verb *devoir*

Présent:	
je **dois**	nous **devons**
tu **dois**	vous **devez**
il/elle/on **doit**	ils/elles **doivent**
Passé composé: j'ai **dû**	

Das Verb *recevoir*

Présent:	
je reçois	nous recevons
tu reçois	vous recevez
il/elle/on reçoit	ils/elles reçoivent
Impératif: Reçois./Recevons./Recevez. Passé composé: j'ai **reçu**	

Das Verb *courir*

Présent:	
je cours	nous courons
tu cours	vous courez
il/elle/on court	ils/elles courent
Impératif: Cours./Courons./Courez.	
Passé composé: j'ai **couru**	

Das Verb *vivre*

Présent:	
je vis	nous vivons
tu vis	vous vivez
il/elle/on vit	ils/elles vivent
Impératif: Vis./Vivons./Vivez.	
Passé composé: j'ai **vécu**	

Das Verb *connaître*

Présent:	
je connais	nous connaissons
tu connais	vous connaissez
il/elle/on connaît	ils/elles connaissent
Impératif: Connais./Connaissons./Connaissez.	
Passé composé: j'ai **connu**	

Das Verb *plaire*

Présent:	
je plais	nous plaisons
tu plais	vous plaisez
il/elle/on plaît	ils/elles plaisent
Passé composé: j'ai **plu**	

Hinweis: Das Verb *plaire* wird fast nur in der 3. Person gebraucht und steht oft mit einem indirekten Objektpronomen *(qc plaît **à** qn)*.

Das Verb *rire*

Présent: je ris tu ris il/elle/on rit	 nous rions vous riez ils/elles rient
Impératif: Ris./Rions./Riez. Passé composé: j'ai **ri**	

Das Verb *préférer*

Présent: je préfère tu préfères il/elle/on préfère	 nous préférons vous préférez ils/elles préfèrent
Impératif: Préfère./Préférons./Préférez. Passé composé: j'ai préféré	

Das Verb *répéter*

Présent: je répète tu répètes il/elle/on répète	 nous répétons vous répétez ils/elles répètent
Impératif: Répète./Répétons./Répétez. Passé composé: j'ai répété	

Das Verb *appeler*

Présent: j'appelle tu appelles il/elle/on appelle	 nous appelons vous appelez ils/elles appellent
Impératif: Appelle./Appelons./Appelez. Passé composé: j'ai appelé	

Das Verb *croire*

Présent: je crois tu crois il/elle/on croit	 nous croyons vous croyez ils/elles croient
Impératif: Crois./Croyons./Croyez. Passé composé: j'ai **cru**	

Das Verb *conduire*

Présent: je conduis tu conduis il/elle/on conduit	 nous conduisons vous conduisez ils/elles conduisent
Impératif: Conduis./Conduisons./Conduisez. Passé composé: j'ai **conduit**	

Hinweis: Das Verb *construire* wird genauso konjugiert.

il faut

Regel: *Il faut* ist ein unpersönlicher Ausdruck, er ist unveränderlich. Du kannst diesen Ausdruck mit einem Nomen oder einem Verb (Infinitiv) verbinden.

Beispiele:	
il faut + Nomen	Bedeutung: man braucht / benötigt
il faut + Infinitiv	Bedeutung bejaht: man muss etw. tun Bedeutung verneint: man darf etw. nicht tun

Beispiele:	
Pour le gâteau, il faut de la farine.	*Für den Kuchen braucht man Mehl.*
Et il faut mettre des œufs.	*Und man muss Eier hineingeben.*
Mais il ne faut pas prendre de lait.	*Aber man darf keine Milch nehmen.*

Hinweise:

- Aus dem Zusammenhang musst du erkennen, ob eine Aufforderung unpersönlich oder persönlich gemeint ist.
- *Il faut* kann auch mit einem indirekten Objektpronomen *(me, te, lui, nous, vous, leur)* verbunden werden, dann bezieht sich der Ausdruck auf Personen und bedeutet: *brauchen / müssen*.

Beispiele:	
Venez, Louisa et Nouria, il faut partir maintenant.	*Kommt Louisa et Nouria, wir müssen / ihr müsst jetzt gehen.*
Il me faut du chocolat.	*Ich brauche Schokolade.*

Die Verneinung *ne ... personne*

Regel: Bei der Verneinung *ne ... personne* gilt es zu beachten, dass das Verneinungselement *personne* erst nach dem *Participe passé* oder Infinitiv steht.

Beispiele:	
Elle n'écoute personne.	*Sie hört niemandem zu.*
Elle **n'**a écouté **personne**.	*Sie hat niemandem zugehört.*
Elle **ne** veut écouter **personne.**	*Sie möchte niemandem zuhören.*

Hinweis: Achte darauf, dass bei den anderen Verneinungen das zweite Element direkt nach der konjugierten Verbform steht.

Die Bildung des Participe passé

Die Verben auf *-er*

Regel: Die Verben auf **-er** bilden das *Participe passé* mit **-é**.

Beispiele:		
J'ai travaillé beaucoup.	travailler ➛	j'ai travaillé
J'ai mangé ce matin.	manger ➛	j'ai mangé

Die regelmäßigen Verben auf *-dre*

Regel: Die regelmäßigen Verben auf **-dre** bilden das *Participe passé* mit **-u**.

Beispiele:		
J'ai vendu mes jouets.	vendre ➛	j'ai vendu
J'ai entendu un bruit.	entendre ➛	j'ai entendu

Einige unregelmäßigen Verben

Einige Verben haben ein unregelmäßiges *Participe passé*, das nicht abgeleitet werden kann.

Inf.	Passé comp.	Inf.	Passé comp.
avoir	j'ai eu	dire	j'ai dit
être	j'ai été	écrire	j'ai écrit
savoir	j'ai su	faire	j'ai fait
pouvoir	j'ai pu	prendre	j'ai pris
vouloir	j'ai voulu	comprendre	j'ai compris
boire	j'ai bu	ouvrir	j'ai ouvert
lire	j'ai lu		

Das Passé composé mit *avoir* / mit *être*

Das Passé composé mit *avoir*

Regeln:

- Mit dem *Passé composé* berichtest du über ein Geschehen in der Vergangenheit. Die meisten Verben bilden das *Passé composé* mit dem Hilfsverb *avoir* im Präsens und dem entsprechenden *Participe passé* eines Verbs.

Beispiel:	
j'ai travaillé	*ich habe gearbeitet*
tu as travaillé	*du hast gearbeitet*
il / elle / on a travaillé	*er / sie / es hat gearbeitet*
nous avons travaillé	*wir haben gearbeitet*
vous avez travaillé	*ihr habt gearbeitet*
ils / elles ont travaillé	*sie haben gearbeitet*

- Die Verneinung umschließt das Hilfsverb.

Beispiel:	
Tu as regardé ce film à la télé hier? ➛ Non, je **n'ai pas regardé** ce film hier.	*Hast du diesen Film gestern im Fernsehen gesehen?* ➛ *Nein, ich habe diesen Film gestern nicht gesehen.*

Das Passé composé mit *être*

Regel: Einige Verben bilden das *Passé composé* nicht mit dem Hilfsverb *avoir* sondern mit dem Hilfsverb *être*. Es sind Verben der Bewegung und des Verweilens.

aller – il **est** allé	**venir** – il **est** venu
arriver – il **est** arrivé	**partir** – il **est** parti
entrer – il **est** entré	**sortir** – il **est** sorti
rester – il **est** resté	**tomber** – il **est** tombé
monter – il **est** monté	**descendre** – il **est** descendu
rentrer – il **est** rentré	**revenir** – il **est** revenu

Beispiele:	
Hier, il est resté à la maison.	*Gestern ist er zu Hause geblieben.*
Je suis revenu la semaine passé.	*Ich bin letzte Woche wiedergekommen.*

Hinweis: Wenn die Verben *monter, descendre, entrer und sortir* mit einem direkten Objekt stehen, dann bilden sie das *Passé composé* mit *avoir*.

Beispiele:	
Je suis monté sur la tour Eiffel. *Ich bin auf den Eiffelturm gestiegen.*	J'ai monté la valise. *Ich habe den Koffer hochgetragen.*
Il est sorti hier soir. *Er ist gestern Abend aus-gegangen.*	Il a sorti ses affaires. *Er hat seine Sachen rausgestellt.*

Die Veränderlichkeit des Participe passé beim Passé composé mit *être*

Regel: Beim *Passé composé* mit *être* ist das *Participe passé* veränderlich. Es wird in Numerus und Genus an das Subjekt angeglichen.

Beispiele:		
Ben est rentré à 9 heures.	–	mask., Sg.
Claire est arrivée à 10 heures.	-e	fem., Sg.
Ben et Julien sont entrés.	-s	mask., Pl.
Ben et Claire sont sortis.	-s	mask. + fem., Pl.
Mathilde et Sarah ne sont pas venues.	-es	fem., Pl.

Hinweis: Ist das Subjekt des Satzes ein Subjektpronomen, musst du beachten, welche Person ersetzt wird.

Beispiele:		
Mathilde et Sarah:	Nous sommes arrivées.	nous = fem., Pl.
Claire:	Je suis venue à 10 heures.	je = fem., Sg.

Das Imparfait

Regel: Das *Imparfait* fast aller Verben wird wie folgt gebildet:
Stamm der 1. Person Plural Präsens + Endungen *-ais, -ais, -ait, -ions, -iez, -aient.*

avoir: nous avons ➛ av...	
j'avais tu avais il avait	nous avions vous aviez ils avaient

Beispiele für weitere Verben:		
appeler	nous appelons	j'appelais
attendre	nous attendons	tu attendais
commencer	nous commençons	il commençait
connaître	nous connaissons	nous connaissions
dormir	nous dormons	vous dormiez
envoyer	nous envoyons	ils envoyaient
prendre	nous prenons	je prenais
recevoir	nous recevons	tu recevais
réfléchir	nous réfléchissons	il réfléchissait
répéter	nous répétons	nous répétions

Hinweise:

- Merke dir folgende Ausnahmen:

être	nous sommes	j'étais
falloir	il faut	il fallait
pleuvoir	il pleut	il pleuvait

- Achte auf folgende Besonderheiten:

commencer	nous commençons	il commençait **Aber:** nous commencions vous commenciez
manger	nous mangeons	il mangeait **Aber:** nous mangions vous mangiez

Regel: Das *Imparfait* ist eine Zeitform der Vergangenheit. Du kannst damit **Zustände** und **gewohnheitsmäßige Handlungen** in der Vergangenheit wiedergeben.

Beispiele:
Tous les dimanches, j'allais voir ma grand-mère. J'aimais bien être chez elle.

Imparfait und Passé composé

Regel: Beide Zeitformen werden verwendet, um von etwas **Vergangenem** zu berichten. Beachte die Regeln:

Imparfait	Passé composé
– zeitlich nicht begrenzt. – beschreibt Zustände, Situationen und gewohnheitsmäßige Handlungen in der Vergangenheit.	– zeitlich begrenzt. – beschreibt einmalige Handlungen und Ereignisse sowie aufeinander folgende Handlungen in der Vergangenheit.

Hinweis: Wenn du nicht genau weißt, welche Zeitformen du verwenden sollst, hilf dir mit Fragen, z. B.:

Imparfait	Passé composé
– Wie war es damals? – Was passierte oft oder regelmäßig? – Was war schon da? – Was war eben?	– Was ist einmal passiert? – Was ist dann passiert? – Was wurde danach gemacht? – Was ist plötzlich eingetreten?

Beispiele:
Je faisais souvent du sport le samedi.
Mon frère et moi, nous jouions souvent au tennis.
Il était très sympa.
Un jour, j'ai décidé de partir.
Je faisais mes devoirs quand tout à coup, le portable a sonné.
Pendant qu'ils jouaient au tennis, les parents faisaient les courses.

venir de faire qc und *être en train de faire qc*

venir de faire qc

Regel: Mit dem Ausdruck *venir de faire qc* kann man wiedergeben, was man gerade gemacht hat oder was gerade passiert ist. Die Objektpronomen stehen direkt vor dem Infinitiv.

Beispiele:	
Je **viens de** faire mes devoirs.	*Ich habe gerade meine Hausaufgaben gemacht.*
➛ Je **viens de les** finir.	*Ich habe sie gerade fertig gemacht.*

être en train de faire qc

Regel: Mit dem Ausdruck *être en train de faire qc* kann man wiedergeben, was man gerade macht oder was gerade passiert. Die Objektpronomen stehen direkt vor dem Infinitiv.

Beispiele:	
Je **suis en train de** faire mes devoirs.	*Ich bin gerade dabei, meine Hausaufgaben zu machen.*
➛ Je **suis en train de** les faire.	*Ich bin gerade dabei, sie zu machen.*

Infinitive mit *à*, *de* und ohne Präposition

Regel: Folgt einem Verb oder einem Ausdruck ein Infinitiv, so wird dieser unterschiedlich angeschlossen. Es gibt drei Möglichkeiten: mit der Präposition *à*, mit der Präposition *de* oder ohne Präposition.

Beispiele: Anschluss mit der Präposition *à*	
commencer à faire qc continuer à faire qc réussir à faire qc	*beginnen, etwas zu tun* *weitermachen, etw. zu tun* *gelingen, etwas zu tun*
Beispiel:	
Je **commence à** avoir faim.	

Beispiele: Anschluss mit der Präposition *de*	
arrêter de faire qc	*aufhören, etwas zu tun*
avoir envie de faire qc	*Lust haben, etwas zu tun*
avoir peur de faire qc	*Angst haben, etwas zu tun*
demander à qn de faire qc	*jmd. bitten, etwas zu tun*
être en train de faire qc	*gerade etwas tun*
rêver de faire qc	*davon träumen, etw. zu tun*
venir de faire qc	*gerade etwas getan haben*
Beispiele:	
Je **rêve d'être** une star de cinéma. Nous **avons peur de perdre** le match. Nous **n'avons pas peur de perdre** le match.	

Beispiele: Anschluss ohne Präposition	
adorer faire qc	*etwas sehr gerne tun*
aimer faire qc	*etwas gerne tun*
aller faire qc	*etwas tun werden*
devoir faire qc	*etwas tun müssen*
pouvoir faire qc	*etwas tun können*
savoir faire qc	*etwas tun können*
vouloir faire qc	*etwas tun wollen*
Beispiele:	
Mon père **adore conduire.** Vous **pouvez arrêter**, s'il vous plait?	

Hinweis: Die Verneinung umschließt das konjugierte Verb.

Der Imperativ mit einem Pronomen

Regeln:

- Beim bejahten Imperativ stehen die Pronomen **nach** dem Verb und werden mit einem Bindestrich angeschlossen. Statt *me* und *te* werden *moi* und *toi* eingesetzt.
- Beim verneinten Imperativ stehen die Pronomen **vor** dem konjugierten Verb.

Beispiele:		
Tu as vu mon portable?	Non, cherche-**le**. Ne **le** cherche pas.	*Nein, such es! Such es nicht!*
Vous êtes où?	Parlez-**moi**. Ne **me** parlez pas.	*Redet mit mir! Redet nicht mit mir!*
Vous avez écrit à mamie et papi?	Ecrivez-**leur**. Ne **leur** écrivez pas.	*Schreibt ihnen! Schreibt ihnen nicht!*

2 Pronomen

Die Objektpronomen *me, te, nous, vous*

Regeln:

- Die direkten und indirekten Objektpronomen der 1. und 2. Person lauten im Singular *me* und *te* und im Plural *nous* und *vous*. Vor Vokal und stummem **h** werden *me* und te zu *m'* und *t'* verkürzt.

Beispiele: Direkte Objektpronomen	
Il **m'**invite? Il **t'**invite? Il **nous** invite? Il **vous** invite?	*Lädt er mich ein?* *Lädt er dich ein?* *Lädt er uns ein?* *Lädt er euch ein?*
→ **inviter qn**; ebenso z. B.: entendre qn, appeler qn	

Beispiele: Indirekte Objektpronomen	
Il **me** donne le livre. Il **te** donne le livre. Il **nous** donne le livre. Il **vous** donne le livre.	*Er gibt mir das Buch.* *Er gibt dir das Buch.* *Er gibt uns das Buch.* *Er gibt euch das Buch.*
→ **donner qc à qn**; ebenso z. B.: écrire qc à qn	

- Die Objektpronomen stehen vor dem Verb, zu dem sie gehören. Bei der Verneinung umschließen die Verneinungselemente das Objektpronomen und das konjugierte Verb.

Beispiele:	
Je **t'**entends. Je **ne t'**entends **pas**.	*Ich höre dich.* *Ich höre dich nicht.*

- Bei Verben mit Infinitivanschluss (z. B. *aimer, vouloir, pouvoir, …*) setzt du die Objektpronomen vor den Infinitiv. Auch die Verneinung umfasst hier nur das konjugierte Verb.

Beispiele:	
Il aime **me** donner le livre.	*Er möchte mir das Buch geben.*
Il **ne** veut **pas me** donner le livre.	*Er will mir das Buch nicht geben.*

Die direkten Objektpronomen *le, la, les*

Regel:

- Die direkten Objektpronomen der 3. Person lauten im Singular *le* für ein maskulines Nomen und *la* für ein feminines Nomen. Im Plural lautet es *les*. Vor Vokal und stummem **h** werden *le* und *la* zu *l'* verkürzt.

Beispiele:		
Elle prend **le train** à 7 heures?	Oui, elle **le** prend.	*Ja, sie nimmt ihn.*
Il prend **la valise?**	Oui, il **la** prend.	*Ja, er nimmt ihn.*
Elle achète **la voiture?**	Oui, elle **l'**achète.	*Ja, sie kauft es.*
Elle fait **les** photos?	Oui, elle **les** fait.	*Ja, sie macht sie.*

Hinweise:

- Die Objektpronomen stehen vor dem Verb, zu dem sie gehören. Bei der Verneinung umschließen die Verneinungselemente das Objektpronomen und das konjugierte Verb.

Beispiele:	
Il prend **la valise?** ➛	Oui, il **la** prend. Non, il **ne la** prend **pas.**

- Bei den Verben mit Infinitivanschluss (z. B. *aimer, vouloir, pouvoir, …*) musst du die Objektpronomen vor den Infinitiv setzen. Auch die Verneinung umfasst hier nur das konjugierte Verb.

Beispiele:	
Elle aime prendre **les photos?** ➛	Oui, elle aime **les prendre.** Non, elle **n'aime pas les prendre.**

Die indirekten Objektpronomen *lui, leur*

Regel: Die indirekten Objektpronomen der 3. Person lauten *lui* (bei einer Person) und *leur* (bei mehreren Personen). Dabei ist es egal, ob die Person(en) maskulin oder feminin sind.

Beispiele:		
Léa explique les devoirs **à Stella.**	Elle **lui** explique les devoirs.	*Sie erklärt ihr die Hausaufgaben.*
Léa explique les devoirs **à Stella et Louis.**	Elle **leur** explique les devoirs.	*Sie erklärt ihnen die Hausaufgaben.*

Hinweise:

- Die Objektpronomen stehen vor dem Verb, zu dem sie gehören. Bei der Verneinung umschließen die Verneinungselemente das Objektpronomen und das konjugierte Verb.

Beispiele:	
Léa explique les devoirs **à Stella?** ➛	Oui, elle **lui** explique les devoirs. Non, elle **ne lui** explique **pas** les devoirs.

- Bei den Verben mit Infinitivanschluss (z. B. *aimer, vouloir, pouvoir, …*) musst du die Objektpronomen vor den Infinitiv setzen. Auch die Verneinung umfasst hier nur das konjugierte Verb.

Beispiele:	
Léa aime montrer **les photos à Stella?** ➛	Oui, elle aime **lui** montrer les photos. Non, elle **n'**aime **pas lui** montrer les photos.

Hinweise:

- *Leur* kann Objektpronomen oder Possessivbegleiter sein. Merke dir zur Unterscheidung:
  Folgt auf *leur* ein Verb, dann ist es ein Objektpronomen und unveränderlich.
  Folgt auf *leur* ein Nomen, dann ist es ein Possessivbegleiter und veränderlich *(leur, leurs)*.

Beispiele:	
Objektpronomen	Possessivbegleiter
Elle **leur** écrit une lettre. *Sie schreibt ihnen einen Brief.*	Ce sont **leurs** livres. *Es sind ihre Bücher.* C'est **leur** livre. *Es ist ihr Buch.*

- Um zu wissen, ob ein direktes oder indirektes Objekt dem Verb folgt, musst du die Verben immer mit dem entsprechenden Begleiter lernen.

Beispiele:		
prendre **qc**	➛ direktes Objekt ➛	*Je le prend.*
expliquer **qc à qn**	➛ indirektes Objekt ➛	*Je lui explique.*

Der Relativsatz mit *qui, que, où*

Regel: Mit dem Relativsatz kann eine Sache oder Person näher bestimmt werden. Der Relativsatz beginnt mit dem Relativpronomen *qui, que* oder *où*:

qui:
– ist Subjekt des Relativsatzes – kann für Personen und Sachen stehen – ist unveränderlich
Beispiel:
Voilà la fille **qui** est aussi au club de sport. *Hier ist das Mädchen, das auch im Sportclub ist.*

que:
– ist Objekt des Relativsatzes – kann für Personen und Sachen stehen – ist unveränderlich – vor Vokal und stummen h wird que zu qu'
Beispiel:
Voilà le cadeau **que** j'ai reçu aujourd'hui. *Hier ist das Geschenk, das ich heute bekommen habe.*

où:
– bezieht sich auf eine Ortsbestimmung
Beispiel:
C'est la maison **où** j'habite. *Das ist das Haus, in dem ich wohne.*

Hinweis: Im französischen Relativsatz brauchst du kein Komma zu setzen.

Das Pronomen *en*

Regeln:

- Mit dem Pronomen *en* kann eine Ergänzung mit *de* oder dem unbestimmten Artikel Plural vertreten werden.

Beispiele:		
Tu veux **du** gâteau?	Oui, j'**en** veux.	*Ja, ich möchte davon.*
Tu veux **des** pommes?	Oui, j'**en** veux.	*Ja, ich möchte davon.*

- Das Pronomen *en* kann auch Nomen vertreten, die mit einem Zahlwort stehen. Das Mengenwort wird dabei nach dem Verb noch einmal aufgenommen oder durch ein anderes Mengenwort ersetzt.

Beispiele:	
Tu as vendu quatre livres au marché?	Non, j'**en** ai vendu **dix**!
Tu as beaucoup de jus?	Oui, j'**en** ai **beaucoup**.

Hinweis: Es gelten dieselben Stellungsregeln wie bei den direkten und indirekten Pronomen.

Beispiele:	
Tu veux **du gâteau**?	Non, je n'**en** veux pas.
Tu veux manger **des** pommes?	Non, je **ne** veux **pas en** manger.
Il y a assez de farine?	Oui, **il y en** a assez.

Die unverbundenen Personalpronomen

Regel: Die unverbundenen Personalpronomen werden zur Hervorhebung, nach Präpositionen oder in verkürzten Sätzen ohne Verb eingesetzt. Sie lauten:

moi	nous
toi	vous
lui / elle	eux / elles

Beispiele:	
Qui vient **avec moi**? **Toi**, Luca, tu as envie?	*Wer kommt mit mir mit?* *Du, Luca, hast du Lust?*
Moi!	*Ich!*

Präposition + *quoi* / Präposition + *qui*

Regel: Mit *qui* und *que* kannst du nach Personen und Sachen fragen. Stehen vor diesen Fragewörtern Präpositionen, ergibt sich folgendes:

Präposition + qui: Frage nach Personen
Präposition + quoi: Frage nach Sachen

Beispiele:	
A qui est-ce que tu écris?	*An wen schreibst du?*
A quoi est-ce que tu penses?	*An was denkst du?*

Hinweis: Präposition + *qui* kann auch in Relativsätzen verwendet werden.

3 Fragen stellen / Der Satz

Das Fragewort *quel*

Regel: Mit dem Fragewort *quel* stellst du die Frage: *Welcher, welche, welches.* Es wird in Numerus und Genus an das Nomen angepasst, das es begleitet.

	mask.	fem.
Sg.	**quel**	**quelle**
Pl.	**quels**	**quelles**

Beispiele:
Quel film est-ce que tu veux voir ce soir au cinéma?
Quels CD est-ce que tu veux écouter?
Quelle heure est-il?

Die Fragen mit *qui est-ce qui, qui est-ce que, qu'est-ce qui, qu'est-ce que*

Regel: Mit den Fragewörtern *qui est-ce qui, qui est-ce que, qu'est-ce qui* und *qu'est-ce que* kannst du nach Personen und Sachen fragen, die Subjekt oder Objekt sind.

qui est-ce qui	Frage nach Personen, die Subjekt sind (Wer?)
qui est-ce que	Frage nach Personen, die direktes Objekt sind (Wen?)
qu'est-ce qui	Frage nach Sachen, die Subjekt sind (Was?)
qu'est-ce que	Frage nach Sachen, die direktes Objekt sind (Was?)

Beispiele:	
Qui est-ce **qui** peut m'aider?	*Wer kann mir helfen?*
Qui est-ce **que** je peux demander?	*Wen kann ich fragen?*
Qu'est-ce **qui** t'intéresse?	*Was interessiert dich?*
Qu'est-ce **que** tu veux faire ce soir?	*Was möchtest du heute Abend machen?*

Die indirekte Rede und Frage

Die indirekte Rede

Regel: Mit der indirekten Rede können Äußerungen Dritter wiedergegeben werden. Die indirekte Rede wird mit *que* eingeleitet. Vor Vokal und stummem **h** wird *que* zu *qu'*.

Hinweis: Denke auch an das Anpassen von Pronomen, Verbformen und Begleitern.

Beispiele:	
Pia raconte: « Nous préparons une fête à l'école. » ➛ *Pia erzählt: „Wir bereiten in der Schule ein Fest vor."*	Pia raconte **qu'**ils préparent une fête à l'école. *Pia erzählt, dass sie in der Schule ein Fest vorbereiten.*
Jan dit: « Je ne veux pas participer. » ➛ *Jan sagt: „Ich möchte nicht teilnehmen."*	Jan dit **qu'**il ne veut pas participer. *Jan sagt, dass er nicht teilnehmen möchte.*

Die indirekte Frage

Regel: Mit der indirekten Frage können Fragen Dritter wiedergegeben werden. Die indirekte Entscheidungsfrage wird mit si eingeleitet, die Ergänzungsfrage durch das entsprechende Fragewort. Vor *il* / *ils* wird *si* zu *s'*.

Hinweis: Denke auch an das Anpassen von Pronomen, Verbformen und Begleitern.

Beispiele:	
Pia demande à Jan: « Est-ce que tu veux participer? » ➛ *Pia fragt Jan: „Möchtest du teilnehmen?“*	Pia demande à Jan **s'il** veut participer. *Pia fragt Jan, ob er teilnehmen möchte*
Jan veut savoir: « Où est-ce que vous êtes? » ➛ *Jan möchte wissen: „Wo seid ihr?“*	Jan veut savoir où nous sommes. *Jan möchte wissen, wo wir sind.*

Die Inversionsfrage

Regeln:
- Bei der Inversionsfrage tauschen Subjekt und Verb die Satzposition: Das Subjekt wird hinter das Verb gesetzt und mit einem Bindestrich verbunden. Das Subjekt muss ein Pronomen sein.
- Um die Aussprache zu vereinfachen, wird zwischen dem Verb und den Subjektpronomen der 3. Person Singular ein -t- eingeschoben, wenn die Verbform auf ein -e oder -a endet.

Beispiele:	
Elle vient quand?	Quand vient-elle?
Il a compris?	A-t-il compris?
Pourquoi tu le regardes tout le temps?	Pourquoi le regardes-tu tout le temps?

Hinweise:
- Die Objektpronomen stehen auch hier vor dem konjugierten Verb bzw. vor dem Infinitiv, auf den sie sich beziehen.
- Die Inversionsfrage wird v. a. in der förmlichen Rede und Schriftsprache verwendet.

Die Hervorhebung mit *c'est qui / c'est que*

Regel: *C'est … qui / c'est … que* werden verwendet, um einzelne Satzteile zu betonen.
C'est … qui brauchst du, um das Subjekt eines Satzes hervorzuheben. Bei *eux / elles* sowie Nomen im Plural kann auch *ce sont … qui* eingesetzt werden.
C'est … que verwendest du, um direkte und indirekte Objekte und adverbiale Bestimmungen zu betonen.

Beispiele:	
C'est Aurélie **qui** a une bonne idée.	***Aurélie*** *hat eine gute Idee.*
C'est / Ce sont Bastian et Emilie **qui** préparent la fête.	***Bastian und Emilie*** *bereiten das Fest vor.*
C'est nous **qui** vous invitons.	***Wir*** *laden euch ein.*
C'est / Ce sont les cours de sport **que** j'aime.	***Die Sportstunden*** *mag ich.*

Hinweis: Das Verb richtet sich bei der Hervorhebung der 1. und 2. Person *(moi, toi, nous, vous)* nach dem Subjektpronomen.

4 Zahlen

101 bis 999.999

Regeln:

- Ab 100 werden die Einer und die Zehner nicht mehr mit einem Bindestrich verbunden.
- Ab 200 wird an die glatten Hunderter ein **-s** angefügt. Folgt aber eine weitere Zahl, wird kein **-s** angefügt.
- *mille* ist unveränderlich.

Beispiele:	
100 cent**s**	1000 mille
101 cent un	1001 mille **un/une**
200 deux cent**s**	1002 mille deux
201 deux cent **un**	1100 mille cent
202 deux cent **deux**	2000 deux mille
219 deux cent **dix-neuf**	2200 deux mille deux cents
500 cinq cents	2201 deux mille deux cent un
600 six cents	10.000 dix mille
700 sept cents	200.000 deux cent mille
800 huit cents	999.999 Neuf cent quatre-vingt-dix-neuf mille neuf cent quatre-vingt-dix-neuf
900 neuf cents	

Hinweis: Die Jahreszahlen werden mit der Präposition *en* angegeben.

Beispiel:
Je suis né **en** 2000.

Die Ordnungszahlen

Regeln:

- Die Ordnungszahlen werden wie folgt gebildet: Grundzahl + Endung *-ième*. Endet die Grundzahl auf **-e**, fällt dieses bei der Ordnungszahl weg.
- Der Artikel wird bei den Ordnungszahlen nie apostrophiert.
- Die maskulinen und femininen Formen sind gleich, nur *un / une* und *premier* und *second* haben eine Sonderform.

Beispiele:

1er	premier	9^{e}	le / la neuvième
$1^{(ière)}$	première	10^{e}	le / la dixième
2^{e}	le / la deuxième	11^{e}	le / la onzième
2nd	le second	12^{e}	le / la douzième
2nde	la seconde	13^{e}	le / la treizième
3^{e}	le / la troisième	14^{e}	le / la quatorzième
4^{e}	le / la quatrième	15^{e}	le / la quinzième
5^{e}	le / la cinquième	16^{e}	le / la seizième
6^{e}	le / la sixième	17^{e}	le / la dix-septième
7^{e}	le / la septième	18^{e}	le / la dix-huitième
8^{e}	le / la huitième	19^{e}	le / la dix-neuvième

weitere Beispiele:

20^{e}	le / la vingtième
21^{e}	le / la vingt et **unième**
22^{e}	le / la vingt-deuxième
30^{e}	le / la trentième
70^{e}	le / la soixante-dixième
71^{e}	le / la soixante-onzième
80^{e}	le / la quatre-vingtième
81^{e}	le / la quatre-vingt-**unième**

90e	le / la quatre-vingt-dixième
91e	le / la quatre-vingt-onzième
96e	le / la quatre-vingt-seizième
99e	le / la quatre-vingt-dix-neuvième
100e	le / la centième

Hinweis: Im Französischen wird bei der Angabe des Datums oder von Herrschern die Grundzahl verwendet, außer bei 1.

Beispiele:	
le 1er (premier) mars	*der erste März*
le quinze mars	*der 15. März*
Louis XIII (treize)	*Ludwig der Dreizehnte*

5 Weitere Begleiter des Nomens

Die Demonstrativbegleiter *ce, cet, cette, ces*

Regel: Mit dem Demonstrativbegleiter *ce, cet, cette, ces* kannst du auf Personen oder Sachen hinweisen. Er entspricht auf Deutsch *dieser, diese, dieses, diese*. Der Demonstrativbegleiter richtet sich in Numerus und Genus nach dem folgenden Nomen:

	mask.	fem.
Sg.	ce	cette
Sg. vor Vokal und stummem h	cet	cette
Pl.	ces	ces

Beispiele:	
J'aime beaucoup **ce** magasin.	*Dieses Geschäft mag ich sehr gerne.*
Nous habitons dans **cet** immeuble.	*Wir wohnen in diesem Gebäude.*
Nous dessinons **cette** affiche.	*Wir zeichnen dieses Plakat.*
J'ai vais acheter **ces** billets.	*Ich werde diese Fahrkarten kaufen.*

Hinweise:
- Achte beim Sprechen auf die Bindung, z. B.: bei **cet**‿ami/**cette**‿amie/**ces**‿amis
- Achte beim Schreiben auf den Unterschied von Possessiv- und Demonstrativbegleiter.

Beispiele:	
ces amis	*diese Freunde*
ses amis	*seine Freunde*

- Wird der Demonstrativbegleiter mit einer Tageszeit verwendet, bedeutet *ce* heute.

Beispiele:	
ce matin cet après-midi	*heute Morgen* *heute Nachmittag*

Der unbestimmte Begleiter *tout*

Regel: Auch der Demonstrativbegleiter tout, auf Deutsch *der/die/das ganze* (Sg.), *alle* (Pl.) richtet sich in Numerus und Genus nach dem folgenden Nomen. Nach *tout* folgt oft ein weiterer Begleiter.

	mask.	fem.
Sg.	**tout le**	**toute la**
Pl.	**tous les**	**toutes les**

Beispiele:	
Ma mère range **tout** le salon.	*Meine Mutter räumt das ganze Wohnzimmer auf.*
Moi, je range **toute** ma chambre.	*Ich räume mein ganzes Zimmer auf.*
Mon frère range **tous** ses livres.	*Mein Bruder räumt alle seine Bücher auf.*
Ma sœur range **toutes** ses affaires.	*Meine Schwester räumt alle ihre Sachen auf.*

6 Das Adjektiv

Die Adjektive *beau, nouveau, vieux*

Regel: Die Adjektive *beau, nouveau, vieux* haben je nach Numerus und Genus des Nomens unterschiedliche Formen:

	mask.	fem.
Sg.	**beau** **nouveau** **vieux**	**belle** **nouvelle** **vieille**
Sg. vor Vokal und stummem h	**bel** **nouvel** **vieil**	belle nouvelle vieille

	mask.	fem.
Pl.	**beaux** **nouveaux** **vieux**	**belles** **nouvelles** **vieilles**
Beispiele:		
un beau garçon – des **beaux** garçons un nouvel appartement – des **nouveaux** appartements une belle fille – des **belles** filles un vieil arbre – des **vieux** arbres		

Die Steigerung der Adjektive

Der Komparativ

Regel: Mit dem Komparativ kannst du Sachen oder Personen miteinander vergleichen. Der Komparativ ist die erste Steigerungsstufe und wird wie folgt gebildet:

plus / aussi / moins	+	Adjektiv	+	que / qu'
mehr … / genauso … / weniger …	+	*Adjektiv*	+	*als*

Beispiele:	
Lisa est **plus grande qu'**Etienne.	*Lisa ist größer als Etienne.*
Mais Lisa est **aussi grande que** Jan.	*Aber Lisa ist genauso groß wie Jan.*
Etienne est **moins grand que** Thibaut.	*Etienne ist kleiner als Thibaut.*

Der Superlativ

Regel: Der Superlativ ist die zweite Steigerungsstufe. Um den Superlativ zu bilden, setzt du vor den Komparativ den bestimmten Artikel.

le/la/les + plus/moins + Adjektiv

Beispiele:	
Lisa est **la fille la plus grande** de la classe.	*Lisa ist das größte Mädchen der Klasse.*
Etienne est **le** garçon **le moins grand** de la classe.	*Etienne ist der kleinste Junge der Klasse.*

Hinweise:

- Bei Adjektiven, wie z. B. *grand*, die normalerweise vor dem Nomen stehen, kannst du auch den Superlativ vor das Nomen setzen.
- Statt des bestimmten Artikels darf auch ein Possessivbegleiter stehen.

Beispiele:

Lisa est **la plus grande fille** de la classe.
Lisa porte **son** plus beau pantalon aujourd'hui.

- Das Adjektiv *bon* hat eigene Steigerungsformen:

bon, bonne	*gut*	Ce livre est **bon.**
meilleur,e	*besser*	Ce livre est **meilleur** que l'autre.
le/la meilleur,e	*am besten*	Mais ce livre est **le meilleur.**

7 Der Teilungsartikel

Regel: Der Teilungsartikel *du, de la, de l'* wird für Nomen verwendet, die nicht zählbar sind. Er wird aus *de* und dem bestimmten Artikel gebildet. Im Deutschen steht hier kein Artikel.

Beispiele:	
Pour le petit-déjeuner, je prends **du** pain, je prends **de la** confiture, je prends **de l'**eau.	*Zum Frühstück* *esse ich ____ Brot,* *esse ich ____ Marmelade,* *trinke ich ____ Wasser.*

Hinweise:

- Nach der Präposition *avec* brauchst du den Teilungsartikel. Auf die Präposition *sans* folgt kein Teilungsartikel.

Beispiele:
Tu veux ta crêpe avec du sucre? Non, je la prends sans ____ sucre.

- Bei abstrakten Begriffen steht ebenso der Teilungsartikel.

Beispiel:
Je fais de la musique.

- Nach *adorer, aimer, détester* und *préférer* steht immer der bestimmte Artikel.

Beispiel:
J'aime la musique.

Online-Abschlusstest

In diesem Kapitel konntest du alle Grammatikthemen von Découvertes 2 nachlesen.

Unter www.kompaktwissen.klettlerntraining.de kannst du nun überprüfen, wie sicher du den Stoff von Découvertes 2 beherrschst.

Zu den Themen von Découvertes 2 erhältst du Tests mit Aufgaben. Wenn du sie bearbeitet hast, bekommst du am Ende der Tests eine Auswertung.

Willst du immer im Blick haben, welche Themen du schon kannst oder was du besser nochmals wiederholst? Dann übertrage deine Online-Ergebnisse unten in die Tabelle.

Viel Erfolg beim Online-Test!

Mein Ergebnis im Online-Test – Découvertes 2

Thema	☒ Test gut bestanden	☒ will ich wiederholen
Verben		
Pronomen		
Weitere Begleiter des Nomens		

Découvertes 3

Découvertes 3

QUICK-FINDER

1 Verben und Zeiten / Modi

- Die Verben auf *-indre* → S. 90
- Unregelmäßige Verben → S. 90
- Das Imparfait → S. 91
- Imparfait und Passé composé → S. 93
- Das Plus-que-parfait → S. 94
- Die reflexiven Verben: Das Passé composé → S. 95
- Das Futur simple → S. 95
- Das Conditionnel présent → S. 97
- Der Bedingungssatz → S. 98
- Der Subjonctif présent → S. 99
- Die Veränderlichkeit des Participe passé beim Passé composé mit *avoir* → S. 104
- Das Passé simple → S. 105

2 Pronomen

- *ce qui / ce que* → S. 105
- Das Relativpronomen *dont* → S. 106
- Das Relativpronomen *lequel* → S. 107
- *lequel* als Fragepronomen → S. 108
- Die Pronomen *en* und *y* → S. 109
- Die Demonstrativpronomen *(celui, celle ...)* → S. 110

3 Der Satz

- Die Inversionsfrage → S. 111
- Die Hervorhebung mit *c'est qui / c'est que* → S. 111
- *si* oder *quand?* → S. 112
- Infinitivsätze mit *pour, sans, avant de, après* → S. 113

4 Zahlen

- Die Bruchzahlen → S. 114

5 Adjektive und Adverbien

- Die Steigerung der Adjektive und der Vergleich → S. 115
- Die Bildung der Adverbien → S. 116
- Funktionen des Adverbs → S. 118
- Die Stellung der Adverbien → S. 118
- Die Steigerung der Adverbien → S. 120
- Das Adjektiv als Adverb → S. 121

6 Der Gebrauch der Präpositionen bei Ländernamen → S. 122

Online-Abschlusstest → S. 123

1 Verben und Zeiten / Modi

Die Verben auf *-indre*

Présent:	
je peins	nous **peignons**
tu peins	vous **peignez**
il / elle / on peint	ils / elles **peignent**
Impératif: Peins. / Peignons. / Peignez. Passé composé: j'ai peint Imparfait: je peignais Futur simple: je peindrai	

Hinweis: Weitere Verben dieser Gruppe sind z. B.: *craindre, éteindre, se plaindre.*

Unregelmäßige Verben

Das Verb *suivre*

Présent:	
je suis	nous suivons
tu suis	vous suivez
il / elle / on suit	ils / elles suivent
Impératif: Suis-moi. / Suivons-le. / Suivez-moi. Passé composé: j'ai suivi Imparfait: je suivais Futur simple: je suivrai	

Hinweise:
- Das Verb *suivre* steht im Französischen mit dem direkten Objekt *(suivre qn).*
- **Achtung:** *je suis (ich bin) – je suis (ich folge)*

Das Verb *mourir*

Présent:	
je **meurs**	nous mourons
tu **meurs**	vous mourez
il/elle/on **meurt**	ils/elles **meurent**
Passé composé: Il **est** mort. Elle **est** morte. Imparfait: je mourais Futur simple: je mou**rr**ai	

Das Verb *s'asseoir*

Présent:	
je m'assois	nous nous asseyons
tu t'assois	vous vous asseyez
il/elle/on s'assoit	ils/elles s'assoient
Impératif: **Assieds-toi.**/Asseyons-nous./Asseyez-vous. Passé composé: Il s'**est** assis. Elle s'**est** assise. Imparfait: je m'asseyais Futur simple: je m'ass**ié**rai	

Das Imparfait

Regel: Das Imparfait fast aller Verben wird gebildet aus dem Stamm der 1. Person Plural Präsens + Endungen *-ais, -ais, -ait, -ions, -iez, -aient.*

avoir: nous avons ➛ av...	
j'avais	nous avions
tu avais	vous aviez
il/elle/on avait	ils/elles avaient

Beispiele für weitere Verben:		
appeler	nous **appelons**	j'appel**ais**
attendre	nous **attendons**	tu attend**ais**
commencer	nous **commençons**	il commenç**ait**
connaître	nous **connaissons**	nous connais-**sions**
dormir	nous **dormons**	vous dorm**iez**
prendre	nous **prenons**	je pren**ais**
recevoir	nous **recevons**	tu recev**ais**
réfléchir	nous **réfléchissons**	il réfléchiss**ait**

Hinweise:

- Merke dir folgende Ausnahmen:

être	nous sommes	j'**ét**ais
falloir	il faut	il **fall**ait
pleuvoir	il pleut	il **pleuv**ait

- Achte auf folgende Besonderheiten:

commencer	nous commençons ➛ il commençait	**Aber:** nous commencions vous commenciez
manger	nous mangeons ➛ il mangeait	**Aber:** nous mangions vous mangiez

Regel: Das *Imparfait* ist eine Zeitform der Vergangenheit. Du kannst damit **Zustände** und **gewohnheitsmäßige Handlungen** in der Vergangenheit wiedergeben.

Beispiele:
Tous les dimanches, j'allais voir ma grand-mère. J'aimais bien être chez elle.

Imparfait und Passé composé

Regel: Beide Zeitformen werden verwendet, um von etwas Vergangenem zu berichten. Beachte die Regeln.

Imparfait	Passé composé
– zeitlich nicht begrenzt. – beschreibt Zustände, Situationen und gewohnheitsmäßige Handlungen in der Vergangenheit. – steht häufig in Relativsätzen, da diese meist beschreibend sind.	– zeitlich begrenzt. – beschreibt einmalige Handlungen und Ereignisse sowie aufeinander folgende Handlungen in der Vergangenheit.

Hinweis: Wenn du nicht genau weißt, welche Zeitformen du verwenden sollst, hilf dir mit Fragen, z. B.:

Imparfait	Passé composé
– Wie war es damals? – Was passierte oft oder regelmäßig? – Was war schon da? – Was war eben?	– Was ist einmal passiert? – Was ist dann passiert und wurde danach gemacht? – Was ist plötzlich eingetreten?

Beispiele:
Je faisais souvent du sport le samedi.
Il était très sympa.
Un jour, j'ai décidé de partir.
Je faisais mes devoirs quand tout à coup, un ami a sonné.

Das Plus-que-parfait

Regeln:

- Um das *Plus-que-parfait* zu bilden, brauchst du eine Form von *avoir* oder *être* im *Imparfait* + das jeweilige *Participe passé* eines Verbs.

Beispiele:	
habiter	**sortir**
j'avais habité tu avais habité il/elle/on avait habité nous avions habité vous aviez habité ils/elles avaient habité	j'étais sorti(e) tu étais sorti(e) il/elle/on était sorti(e) nous étions sorti(e)s vous étiez sorti(e)s ils/elles étaient sorti(e)s

- Das *Participe passé* richtet sich wie auch beim *Passé composé* nach Numerus und Genus des Subjektes.
- Mit dem *Plus-que-parfait* kannst du eine Handlung in der Vorvergangenheit wiedergeben: Also eine bereits abgeschlossene Handlung, die zeitlich vor einem anderen Geschehen in der Vergangenheit liegt.

Beispiel:
Elle connaissait bien la ville parce qu'elle était déjà venue avec son mari.

Die reflexiven Verben: Das Passé composé

Regel: Die reflexiven Verben bilden das *Passé composé* und das *Plus-que-parfait* mit dem Hilfsverb *être*.
Hinweis: Achte darauf, dass sich das *Participe passé* in Numerus und Genus nach dem Subjekt richtet.

Beispiele:
Ce matin, je me suis levé à 10 h, après, je me suis lavé. Elles se sont disputées.

Das Futur simple

Regeln:
- Um das *Futur simple* zu bilden, hängst du an das **-r** des Infinitivs die Endungen *-ai, -as, -a, -ons, -ez, -ont* an.

Beispiele:	
travailler	
je travaille**rai** tu travaille**ras** il/elle/on travaille**ra**	nous travaille**rons** vous travaille**rez** ils/elles travaille**ront**
répondre	
je répond**rai** tu répond**ras** il/elle/on répond**ra**	nous répond**rons** vous répond**rez** ils/elles répond**ront**
partir	
je parti**rai** tu parti**ras** il/elle/on parti**ra**	nous parti**rons** vous parti**rez** ils/elles parti**ront**

- Bei den Verben auf **-er** mit zwei verschiedenen Stämmen im Präsens leitest du die Form von der 1. Person Singular ab.

Beispiele:		
acheter ➝	j'achète ➝	j'achèterai
appeler ➝	j'appelle ➝	j'appellerai
se lever ➝	je me lève ➝	je me lèverai
payer ➝	je paie ➝	je paierai

- Präge dir folgende unregelmäßige Formen ein:

Inf.	**Fut. simple**	**Inf.**	**Fut. simple**
avoir	j'aurai	**savoir**	je saurai
être	je serai	**faire**	je ferai
devoir	je devrai	**recevoir**	je recevrai
pleuvoir	il pleuvra	**aller**	j'irai
s'asseoir	je m'**assiérai**		
voir	je verrai	**pouvoir**	je pourrai
envoyer	j'enverrai	**courir**	je courrai
mourir	je mourrai		
venir	je viendrai	**vouloir**	je voudrai
falloir	il faudra		

- Das *Futur simple* verwendest du, wenn du von einem Geschehen in der Zukunft sprechen möchtest.

Beispiele:
La semaine prochaine, je partirai enfin en vacances. Pour Noël, nous nous achèterons un nouvel ordinateur.

Hinweis: Das *Futur simple* kannst du sowohl im Mündlichen als auch im Schriftlichen verwenden.

Das Conditionnel présent

Regeln:

- Die meisten Verben bilden das *Conditionnel présent* wie das *Futur simple*, indem die Endungen an das **-r** des Infinitivs gehängt werden. Die Endungen lauten: *-ais, -ais, -ait, -ions, -iez, -aient*.

Beispiele:

Infinitiv	Conditionnel présent
travailler	je travaill**erais**
manger	tu mang**erais**
partir	il/elle/on part**irait**
répondre	nous répond**rions**
finir	vous fin**iriez**
écrire	ils/elles écr**iraient**

- Bei den Verben auf **-er** mit zwei verschiedenen Stämmen im Präsens, ergibt sich die Form für das *Conditionnel présent* von der 1. Person Singular (wie beim *Futur simple*).

Beispiele:

acheter ➛	j'achète ➛	j'achèterais
appeler ➛	j'appelle ➛	j'appellerais
payer ➛	je paie ➛	je paierais
préférer ➛	je préfère ➛	je préfèrerais / je préférerais

- Die Sonderformen der unregelmäßigen Verben sind wie beim *Futur simple*:

Inf.	Cond. prés.	Inf.	Cond. prés.
avoir	j'aurais	savoir	je saurais
être	je serais	faire	je ferais
devoir	je devrais	recevoir	je recevrais
pleuvoir	il pleuvrait	aller	j'irais
s'asseoir	je m'assiérais		
voir	je verrais	pouvoir	je pourrais
envoyer	j'enverrais	courir	je courrais
mourir	je mourrais		
venir	je viendrais	vouloir	je voudrais
falloir	il faudrait		

- Das *Conditionnel présent* wird verwendet, um einen **Wunsch**, eine **Vermutung**, einen **Ratschlag**, eine **Möglichkeit** oder eine **Bitte** zu äußern.

Beispiele:
J'aimerais travailler avec toi. Vous pourriez demander au prof. Pour l'anniversaire de mamie, j'enverrais une lettre.

Der Bedingungssatz

Regeln:

- Mit dem Bedingungssatz kannst du eine Bedingung ausdrücken, die noch **realisierbar** oder **wahrscheinlich** ist. Der Bedingungssatz besteht aus zwei Teilen und es müssen bestimmte Zeitformen eingehalten werden.

Nebensatz	Hauptsatz
die Bedingung: **si ...**	die Folge
Présent	**Futur, Présent, Impératif**

Beispiele:

Si tu n'**as** pas envie de venir, tu **peux/pourra** rester à la maison.
Wenn du keine Lust hast zu kommen, kannst du zu Hause bleiben.

- Weiterhin kannst du eine Bedingung ausdrücken, die möglich, aber eher **unwahrscheinlich** ist. Beachte folgendes Zeitgefüge:

Nebensatz	Hauptsatz
die Bedingung: **si ...**	die Folge
Imparfait	**Conditionnel présent**

Beispiele:

Si tu ne **venais** pas toujours en retard, nous **pourrions** commencer à l'heure.
Wenn du nicht immer zu spät kommen würdest, könnten wir pünktlich anfangen.

Der Subjonctif présent

Regeln:

- Fast alle Verben bilden den *Subjonctif présent* wie folgt: Der Stamm der 3. Person Plural Präsens + die Endungen *-e, -es, -e, -ions, -iez, -ent.*

Beispiele:	3. Pers.Pl. Präsens	Subjonctif présent
travailler	ils **travaillent** ➛	que je travaille
manger	ils **mangent** ➛	que tu manges
partir	ils **partent** ➛	qu'il parte
répondre	ils **répondent** ➛	que nous répondions
finir	ils **finissent** ➛	que vous finissiez
écrire	ils **écrivent** ➛	qu'ils écrivent
Weitere Beispiele und Formen mit Besonderheiten:		
Infinitiv	**Singular**	**Plural**
acheter	que j'achète	que nous achetions que vous achetiez
➛ ebenso: *se lever, se promener*		
appeler	que j'appelle	que nous appelions que vous appeliez
➛ ebenso: *jeter*		
finir	que je finisse	que nous finissions que vous finissiez
➛ ebenso: *applaudir, choisir, réfléchir, réussir*		
prendre	que je prenne	que nous prenions que vous preniez
➛ ebenso: *apprendre, comprendre*		
sortir	que je sorte	que nous sortions que vous sortiez
➛ ebenso: *dormir, partir, sentir*		
venir	que je vienne	que nous venions que vous veniez
➛ ebenso: *devenir, revenir*		

dire	que je dise	que nous disions que vous disiez
➛ ebenso: *lire*		
écrire	que j'écrive	que nous écrivions que vous écriviez
➛ ebenso: *décrire*		
recevoir	que je reçoive	que nous recevions que vous receviez
➛ ebenso: *devoir*		
voir	que je voie	que nous voyions que vous voyiez
➛ ebenso: *employer, envoyer, essayer, payer*		

- Einige Verben haben eine Sonderform im *Subjonctif*:

Infinitiv	**Singular**	**Plural**
avoir	que j'aie que tu aies qu'il ait	que nous ayons que vous ayez qu'ils aient
être	que je sois que tu sois qu'il soit	que nous soyons que vous soyez qu'ils soient
pouvoir	que je puisse que tu puisses qu'il puisse	que nous puissions que vous puissiez qu'ils puissent
savoir	que je sache que tu saches qu'il sache	que nous sachions que vous sachiez qu'ils sachent

faire	que je fasse que tu fasses qu'il fasse	que nous fassions que vous fassiez qu'ils fassent
aller	que j'aille que tu ailles qu'il aille	que nous allions que vous alliez qu'ils aillent
vouloir	que je veuille que tu veuilles qu'il veuille	que nous voulions que vous vouliez qu'ils veuillent

- Den *Subjonctif présent* verwendest du in Nebensätzen mit *que*. Er muss nach ganz bestimmten Verben und Ausdrücken eingesetzt werden = *Subjonctif*-Auslöser.

Hinweis: Der *Subjonctif* und der Indikativ sind ein Modus = eine Aussageweise. Mit dem Indikativ gibst du Tatsachen, Wirklichkeiten wieder. Der *Subjonctif* drückt dagegen Einstellungen des Sprechers aus.

Beispiele:		
Maman n'**est** pas contente.	Indikativ	*Mama ist nicht zufrieden.*
Je voudrais que maman **soit** contente.	Subjonctif	*Ich möchte gerne, dass Mama zufrieden ist.*

- Verwende den *Subjonctif* nach Ausdrücken der **Forderung** und **Notwendigkeit**:

Beispiele:	
il faut … il est nécessaire que … vouloir que …	*man muss …* *es ist notwendig, dass …* *wollen, dass …*

- Verwende den *Subjonctif* nach Ausdrücken einer **Wertung** oder von **Gefühlen**:

Beispiele:	
il est important que	*es ist wichtig, dass …*
c'est une chance que …	*es ist ein Glück, dass …*
détester que …	*verabscheuen, dass …*
être heureux(-euse) / malheureux(-euse) que …	*glücklich / unglücklich sein, dass …*
être triste que …	*traurig sein, dass …*
être content(e) que …	*zufrieden sein, dass …*
ça me plaît que …	*es gefällt mir, dass …*
ça m'amuse que …	*es macht mir Spaß, dass …*
trouver …	*…*
… bête que …	*dumm finden, dass …*
… bizarre que …	*komisch finden, dass …*
… important que …	*wichtig finden, dass …*
… bien / bon que …	*gut finden, dass …*
… mauvais que …	*schlecht finden, dass …*

Hinweis: Folgende Ausdrücke stehen mit dem Indikativ: *être d'avis que, croire que, trouver que.*

- Verwende den *Subjonctif*, wenn du einen **Wunsch**, eine **Bitte** oder einen **Vorschlag** äußern möchtest:

Beispiele:	
vouloir que …	*wollen, dass …*
aimer que …	*mögen, dass …*
proposer que …	*vorschlagen, dass …*

3

Hinweise:
- Bei *espérer que (hoffen)* brauchst du **nicht** den *Subjonctif*, sondern den Indikativ.
- Verwende den *Subjonctif*, wenn der Hauptsatz und der Nebensatz verschiedene Subjekte haben. Ist es das gleiche Subjekt, verwende eine Infinitivkonstruktion.

Beispiele:
J'espère que tu vas bien. Louisa souhaite que nous venions à 18 heures. Vincent souhaite venir aussi.

Die Veränderlichkeit des Participe passé beim Passé composé mit *avoir*

Regel: Steht vor dem *Participe passé* beim *Passé composé* ein direktes Objekt, dann muss das Partizip in Numerus und Genus an das direkte Objekt angeglichen werden.
Direkte Objekte können sein: *la / l', les, me, te, nous, vous* oder das Relativpronomen *que / qu'*.

Beispiele:
Où est-ce que tu as acheté **tes baskets**? ➛ Je **les** ai **achetées** à Paris.
Il **nous** a **appelés** hier soir. (appeler qn)
Il a reçu **une surprise** que sa copine lui avait **promise**.

Hinweise:
- Achte bei *me, te, nous, vous* darauf, ob es sich um ein direktes oder indirektes Objekt handelt.
- Beachte diese Regel auch beim *Plus-que-parfait*.

Das Passé simple

Regel: Das *Passé simple* wird v. a. in der Schriftsprache, z. B. in literarischen oder historischen Texten, statt des *Passé composé* verwendet.
Merke dir besonders die Formen in der 3. Person Singular und Plural, sie finden am häufigsten Verwendung.

	habiter	partir	attendre
il/elle/on ils/elles	habita habitèrent	partit partirent	attendit attendirent

Hinweis: Beachte unregelmäßige Formen, wie z. B.:

avoir	il eut/ ils eurent	**venir**	il vint/ ils vinrent
être	il fut/ ils furent	**vouloir**	il voulut/ ils voulurent
faire	il fit/ils firent		

2 Pronomen

ce qui / ce que

Regel: Mit *ce qui* und *ce que* wird das deutsche Relativpronomen *was* wiedergegeben. *Ce qui* ist Subjekt und *ce que / ce qu'* direktes Objekt des Nebensatzes. Vor Vokal und stummem **h** wird *ce que* zu *ce qu'* verkürzt.

Beispiele:
Je suis sorti **ce qui** n'a pas plu à ma mère.
Montre-moi **ce que** tu as fait aujourd'hui à l'école.
Je ne sais pas **ce qu'**il veut faire maintenant.

Hinweis: *Ce qui* und *ce que* können auch in der indirekten Frage als Fragewort verwendet werden.

Beispiele:	
Qu'est-**ce qui** te dérange?	Mon prof veut savoir **ce qui** me dérange.
Qu'est-**ce que** vous voulez faire?	Les amis demandent **ce que** nous voulons faire.
Qu'est-**ce qu'**elles ont préparé?	Il demande **ce qu'**elles ont préparé.

Das Relativpronomen *dont*

Regel: Das Relativpronomen *dont* vertritt eine Ergänzung mit *de* im Relativsatz. Es kann sich auf Personen oder Sachen im Singular und Plural beziehen.

Beispiele:	
Elle a raconté d'un chanteur. Elle est amoureuse **de ce chanteur.**	Elle a raconté d'un chanteur **dont** elle est amoureuse.
Les enfants parlent encore **de ce voyage.**	C'est un voyage **dont** les enfants parlent encore.

Hinweise:
- Im Relativsatz mit *dont* gilt die gleiche Wortstellung wie im Aussagesatz.
- Das Nomen im Relativsatz steht immer mit einem Begleiter.

Das Relativpronomen *lequel*

Regeln:

- Die Relativpronomen *lequel, laquelle, lesquels, lesquelles* beziehen sich in der Regel auf Sachen und werden nach Präpositionen (z. B. *avec, dans, pendant, sur*) oder präpositionalen Ausdrücken mit *de* (z. B. *à côté de, près de*) verwendet. Sie richten sich in Numerus und Genus nach dem Wort, auf das sie sich beziehen.

	maskulin	feminin
Singular	lequel	laquelle
Plural	lesquels	lesquelles

Beispiele:
Le restaurant **dans lequel** nous avons mangé.
Les jours **pendant lesquels** nous étions en vacances.
L'église **à côté de laquelle** nous avons fait un pique-nique.
Les raisons **pour lesquelles** elle est venue.

Hinweis: Bezieht sich das Relativpronomen auf eine Person, musst du *qui* verwenden.

Beispiele:
Voilà ma copine **avec qui** je travaille pour l'école.

- Treffen die Relativpronomen *lequel, laquelle, lesquels, lesquelles* auf die Präpositionen *à* oder *de*, ergeben sich folgende Formen:

à + lequel	**auquel**	de + lequel	**duquel**
à + lesquels	**auxquels**	de + lesquels	**desquels**
à + laquelle	**à laquelle**	de + laquelle	**de laquelle**
à + lesquelles	**auxquelles**	de + lesquelles	**desquelles**

Beispiele:
Les copains **auxquels** j'ai parlé.
Les églises **à côté desquelles** nous avons fait un pique-nique.

lequel als Fragepronomen

Regeln:
- Die Formen des Fragepronomens *lequel* richten sich in Genus und Numerus nach den Bezugswörtern. Du kannst damit nach Sachen und Personen fragen, die bereits genannt wurden.

	maskulin	**feminin**
Singular	lequel	laquelle
Plural	lesquels	lesquelles

Hinweis: Du kennst diese Formen bereits vom Relativpronomen *lequel*.

Beispiele:	
Nous avons visité un musée. ➛	**Lequel?**
Tu as vu l'affiche ➛	**Laquelle?**
Je veux vendre mes livres. ➛	**Lesquels?**

- Die Fragepronomen können auch mit Präpositionen verwendet werden. Bei den Präpositionen *à* und *de* ergeben sich folgende Formen:

	maskulin	**feminin**
Singular	auquel/duquel	à laquelle/de laquelle
Plural	auxquels /desquels	auxquelles/desquelles

Beispiele:	
J'ai visité le Louvre avec une copine. ➛	**Avec laquelle?**
Tu peux demander au prof? ➛	**Auquel?**
Elle raconte de sa tante. ➛	**De laquelle?**

Die Pronomen *en* und *y*

Das Pronomen *en*

Regel: Mit dem Pronomen *en* können Ergänzungen mit *de* vertreten werden. Das Pronomen steht vor dem konjugierten Verb. Steht nach dem konjugierten Verb ein Infinitiv, rückt *en* vor den Infinitiv. Es wird übersetzt mit: *von dort, davon, darüber*.

Beispiele:
Elle est contente de son exposé. ➛ Elle en est contente. Marc n'aime pas les escargots. ➛ Il n'aime pas en goûter. Nia vient des Pays-Bas? ➛ Oui, elle en vient.

Das Pronomen *y*

Regel: Das Pronomen *y* steht für Ortsbezeichnungen, die mit den Präpositionen *à, dans, en, sur* usw. eingeleitet werden. Außerdem kann es für andere Ergänzungen mit *à* stehen, die sich auf Sachen beziehen.
Y rückt an die gleichen Stellen im Satz wie *en*.

Beispiele:
Je vais à Toulouse la semaine prochaine. ➛ J'y vais. Tu as pensé aux livres? ➛ Oui, j'y ai pensé.

Die Demonstrativpronomen *(celui, celle, ceux, celles)*

Regeln:
- Die Demonstrativpronomen lauten:

	maskulin	**feminin**
Singular	celui	celle
Plural	ceux	celles

- Die Demonstrativpronomen können nicht allein stehen, sondern nur in Verbindung mit einem Stützwort *(-ci / -là)*, einem Relativsatz (mit *qui / que / dont / où*) oder einer präpositionalen Ergänzung (z. B. mit *avec / de / pour / sans*).

Beispiele:	
Quel film est-ce-que tu veux voir?	**Celui-ci** ou **celui-là?**
Tu prends quelle photo?	Je prends **celle qui** est là.
C'est sont tes chaussures?	Non, ce sont **celles de** mon frère.

3 Der Satz

Die Inversionsfrage

Regeln:
- Bei der Inversionsfrage tauschen Subjekt und Verb die Satzposition: Das Subjekt wird hinter das Verb gesetzt und mit einem Bindestrich verbunden. Das Subjekt muss ein Pronomen sein.
- Um die Aussprache zu vereinfachen, wird zwischen dem Verb und den Subjektpronomen der 3. Person Singular ein **-t-** eingeschoben, wenn die Verbform auf ein **-e** oder **-a** endet.

Beispiele:	
Elle vient quand?	Quand vient-elle?
Il a compris?	A-t-il compris?
Pourquoi tu me regardes tout le temps?	Pourquoi me regardes-tu tout le temps?

Hinweise:
- Die Objektpronomen stehen auch hier vor dem konjugierten Verb bzw. vor dem Infinitiv, auf den sie sich beziehen.
- Die Inversionsfrage wird v. a. in der förmlichen Rede und Schriftsprache verwendet.

Die Hervorhebung mit *c'est qui / c'est que*

Regel: *C'est … qui / c'est … que* werden verwendet, um einzelne Satzteile zu betonen.
C'est … qui brauchst du, um das Subjekt eines Satzes hervorzuheben. Bei *eux / elles* sowie Nomen im Plural kann auch *ce sont … qui* eingesetzt werden.

C'est … que verwendest du, um direkte und indirekte Objekte und adverbiale Bestimmungen zu betonen.

Beispiele:	
C'est Aurélie **qui** a une bonne idée.	**Aurélie** hat eine gute Idee.
C'est/Ce sont Bastian et Emilie qui préparent la fête.	**Bastian und Emilie** bereiten das Fest vor.
C'est nous **qui** vous invitons.	**Wir** laden euch ein.
C'est/Ce sont les cours de sport **que** j'aime.	**Die Sportstunden** mag ich.

Hinweis: Das Verb richtet sich bei der Hervorhebung der 1. und 2. Person *(moi, toi, nous, vous)* nach dem Subjektpronomen.

si oder *quand*?

Regel: *Si* und *quand* heißen auf Deutsch *wenn*. Je nach Bedeutung, musst du *si* oder *quand* im Satz einsetzen:
- *wenn* im Sinne von *falls* = *si* (Bedingungssatz)
- *wenn* im Sinne von *sobald/jedes Mal wenn* = *quand* (zeitliches Verhältnis)

Beispiele:	
S'il faisait plus chaud, on pourrait aller à la piscine.	*Wenn (➛ Falls) es wärmer wäre, könnten wir ins Schwimmbad gehen.*
Quand Théo est arrivé, on peut commencer.	*Wenn (➛ Sobald) Théo da ist, können wir anfangen.*

Infinitivsätze mit *pour, sans, avant de, après*

Regeln:

- Haben zwei Sätze das gleiche Subjekt, dann kannst du diese mit *pour, sans, avant de* oder *après* zusammenfügen:
- Mit: *pour / pour ne pas / avant de / sans* + Infinitiv

oder

- Mit: *après / sans* + Infinitiv der Vergangenheit (= *après / sans + avoir* oder *être + Participe passé*)

Beispiele:	
pour	
Esther invite ses copains. Elle veut fêter son anniversaire.	Esther invite ses copains pour fêter son anniversaire.
Marc se lève tôt. Il ne veut pas arriver en retard.	Marc se lève tôt pour ne pas arriver en retard.
sans	
Il mange. Il n'a pas faim.	Il mange sans avoir faim.
Il fait une fête. Il n'a pas demandé à sa mère.	Il fait une fête sans avoir demandé à sa mère.
avant de	
Elle va au cinéma. D'abord, elle fait ses devoirs.	Avant d'aller au cinéma, elle fait ses devoirs.
après	
Il est tombé. Puis il est allé chez le médecin.	Après être tombé, il est allé chez le médecin.

Hinweise:

- Die Objektpronomen, Reflexivpronomen und die Pronomen *y* und *en* werden direkt vor den Infinitiv gesetzt.

- Beim Infinitiv der Vergangenheit musst du auf die gleichen Regeln zum Angleichen des *Participe passé* achten wie beim *Passé composé*.

Beispiele:
Avant d'y aller, Marc fait ses devoirs. Après **lui** avoir parlé de la soirée, il va au lit. Après être **tombée, elle** est allée chez le médecin.

4 Zahlen

Die Bruchzahlen

Regel: Nur *un demi (1/2), un tiers (1/3)* und *un quart (1/4)* haben eigene Formen. Die anderen Bruchzahlen haben den gleichen Nenner wie die entsprechende Ordnungszahl.

1/2	un **demi**	un demi-litre, une demi-heure	ein halber Liter, eine halbe Stunde
1/3	un/le **tiers**	un/le tiers du gâteau	ein/das Drittel des Kuchens
1/4	un/le **quart**	un/le quart du gâteau	ein/das Viertel des Kuchens
1/5	un/le **cinquième**	un/le cinquième du gâteau	ein/das Fünftel des Kuchens
1/6	un/le **sixième**	un/le sixième du gâteau	ein/das Sechstel des Kuchens
3/4	trois **quarts**	les trois quarts des Allemands	drei Viertel der Deutschen

Hinweis: Ist der Zähler größer als 1, musst du beim Nenner ein Plural -s anfügen.

5 Adjektive und Adverbien

Die Steigerung der Adjektive und der Vergleich

Der Komparativ

Regel: Mit dem Komparativ kannst du Sachen oder Personen miteinander vergleichen. Der Komparativ ist die erste Steigerungsstufe und wird wie folgt gebildet:

plus / aussi / moins + Adjektiv + que / qu'	
mehr … / genauso … / weniger … + Adjektiv + als	
Beispiele:	
Lisa est **plus grande qu'**Etienne.	*Lisa ist größer als Etienne.*
Mais Lisa est **aussi grande que** Jan.	*Aber Lisa ist genauso groß wie Jan.*
Etienne est **moins grand que** Thibaut.	*Etienne ist kleiner als Thibaut.*

Der Superlativ

Regel: Der Superlativ ist die zweite Steigerungsstufe. Um den Superlativ zu bilden, setzt du vor den Komparativ den bestimmten Artikel.

le / la / les + plus / moins + Adjektiv	
Beispiele:	
Lisa est **la** fille **la plus grande** de la classe.	*Lisa ist das größte Mädchen der Klasse.*
Etienne est **le** garçon **le moins grand** de la classe.	*Etienne ist der kleinste Junge der Klasse.*

Hinweise:

- Bei Adjektiven, wie z. B. *grand*, die normalerweise vor dem Nomen stehen, kannst du auch den Superlativ vor das Nomen setzen.
- Statt des bestimmten Artikels darf auch ein Possessivbegleiter stehen.

Beispiele:
Lisa est **la plus grande** fille de la classe. Lisa porte **son** plus beau pantalon aujourd'hui.

- Das Adjektiv *bon* hat eigene Steigerungsformen:

bon, bonne	*gut*	Ce livre est **bon.**
meilleur,e	*besser*	Ce livre est **meilleur que** l'autre.
le / la meilleur,e	*am besten*	Mais ce livre est **le meilleur.**

Die Bildung der Adverbien

Ein Adverb benötigst du, wenn du beschreiben möchtest, auf welche Art und Weise etwas passiert. Im Deutschen haben die Adverbien meist die gleiche Form wie das Adjektiv. Im Französischen sind die Formen unterschiedlich.

Regeln:

- Die Adverbien leiten sich in den meisten Fällen von der femininen Form des Adjektivs ab. An diese Form wird die Endung *-ment* gehängt. Endet die maskuline Form auf einem Vokal, hängst du die Endung *-ment* an die maskuline Form.

Beispiele:		
Adjektiv	Ableitung	Adverb
heureux	heureuse	heureusement
long	longue	longuement
dernier	dernière	dernièrement
lent	lente	lentement
rare	rare	rarement
joli	joli	joliment

- Unregelmäßig gebildete Formen und Sonderformen:

Beispiele:		
Adjektiv		Adverb
gentil	gentille	**gentiment**
bon		**bien**
mauvais		**mal**
meilleur		**mieux**

- Weiterhin gibt es Adverbien, die nicht abgeleitet sind, dazu gehören z. B. *déjà, ici, souvent, très, trop*.
- Adjektive, die auf *-ant* oder *-ent* enden, bilden das Adverb mit *-amment* bzw. *-emment* (Ganz wenige Adjektive mit *-ément*).

Beispiele:		
Adjektiv	Ableitung	Adverb
méchant	méchante	**méchamment**
différent	différente	**différemment**
précis	précise	**précisément**

Funktionen des Adverbs

Regel: Das Adverb wird eingesetzt, wenn ein **Verb**, ein **Adjektiv**, ein **weiteres Adverb** oder ein **ganzer Satz** näher bestimmt werden soll. Das Adverb ist unveränderlich.

Beispiele:	
Mes grands-parents arrivent **prochainement.**	*Meine Großeltern kommen bald.*
Elle est **vraiment** heureuse.	*Sie ist wirklich glücklich.*
Linus est parti **trop** tôt, il a raté la surprise.	*Linus ist zu früh gegangen, er hat die Überraschung verpasst.*
Bizarrement, Anna n'aime pas les meringues.	*Komischerweise mag Anna keine Meringues.*

Die Stellung der Adverbien

Regeln:
- Die Stellung der Adverbien hängt von ihrer Funktion oder Bedeutung im Satz ab.

Adverbien des Ortes und der bestimmten Zeit
- Die Adverbien des Ortes und der bestimmten Zeit können am Satzanfang oder -ende stehen. Dazu gehören:

Beispiele:	
Adverbien des Ortes	**Adverbien der bestimmten Zeit**
ici, là, là-bas	aujourd'hui, demain, hier, maintenant
Maintenant, je vais aller en ville. – *oder* – Je vais aller en ville maintenant.	

Adverbien der unbestimmten Zeit, der Menge und der Art und Weise

- Die Adverbien der unbestimmten Zeit, der Menge und der Art und Weise stehen meist hinter dem konjugierten Verb.

Beispiele:

Adverbien der unbestimmten Zeit	Adverbien der Menge	Adverbien der Art und Weise
après, avant, déjà, encore, enfin, longtemps, dernièrement, prochainement, toujours, souvent, tard, tôt, tout à coup, tout de suite, tout le temps	assez, beaucoup, moins, plus, trop	bien, mal mieux, vite, sûrement, correctement, difficilement, ensemble, facilement

Il **va souvent** au cinéma.
Elle ne **travaille** pas **assez** à l'école.

Hinweise:

- Die abgeleiteten Adverbien können bei den zusammengesetzten Zeitformen auch nach dem *Participe passé* oder dem Infinitiv stehen.
- Die Adverbien *tôt, tard, avant, après* und *ensemble* stehen immer nach dem *Participe passé* oder dem Infinitiv.

Beispiele:

Coralie a porté **facilement** 20 assiettes.
Elle va travailler **correctement.**
Nous sommes montés **ensemble.**
Je me suis couché très **tôt** hier soir.

Satzadverbien

- Satzadverbien beziehen sich auf den ganzen Satz oder verbinden Sätze miteinander. Sie stehen oft am Satzanfang, darauf folgt ein Komma.

Beispiele:
Malheureusement, elle est malade. *Leider ist sie krank.*

Die Steigerung der Adverbien

Regel: Die Adverbien werden nach der gleichen Regel wie die Adjektive gesteigert.

Komparativ:

plus/aussi/moins + Adverb + que/qu'	
mehr … / genauso … / weniger … + Adjektiv + als	
Beispiele:	
Lisa rigole **plus souvent** qu'Etienne.	*Lisa lacht öfter als Etienne.*
Lisa travaille **aussi bien que** Jan.	*Lisa arbeitet genauso gut wie Jan.*
Etienne est **moins souvent** malade que Thibaut.	*Etienne ist seltener krank als Thibaut.*

Superlativ:

le/la/les + **plus/moins** + Adverb	
Beispiele:	
Lisa rigole **le plus souvent**.	*Lisa lacht am meisten.*
Lisa apprend **le plus vite** le vocabulaire.	*Lisa lernt am schnellsten die Vokabeln.*

Hinweise:

- Das Adverb *bien* hat besondere Steigerungsformen:

bien	mieux que aussi bien que moins bien que	le mieux le moins bien

- Mit *possible* kannst du ebenso einen hohen Steigerungsgrad ausdrücken:

Beispiele:
Elle arrive le plus vite possible. *Sie kommt so schnell wie möglich.*

Das Adjektiv als Adverb

Regel: Es gibt einige feste Wendungen, bei denen das Adjektiv die Funktion des Adverbs innehat. Achte darauf, dass in diesen Fällen das Adjektiv unveränderlich ist.

Beispiele:	
chanter juste/faux	*richtig/falsch singen*
sentir bon/mauvais	*gut/schlecht riechen*
coûter/payer cher	*teuer sein/bezahlen*
parler bas/fort	*leise/laut sprechen*
travailler dur	*hart arbeiten*
Maman parle **très bas** parce que le bébé dort.	

6 Der Gebrauch der Präpositionen bei Ländernamen

Ländernamen

Regel: Im Französischen brauchst du für alle Ländernamen sowie Kontinente, Provinzen, Regionen einen Artikel. Es gibt feminine und maskuline Ländernamen:

feminin	Ländernamen mit der Endung **-e**	z. B. la France, la Suisse, l'Allemagne
maskulin	Ländernamen, die nicht auf **-e** enden	z. B. le Canada, le Portugal, le Danemark
im Plural		z. B. les Pays-Bas (m.)

Präpositionen bei Ländernamen

Regeln: Schau dir folgende Übersichten an, welche Präpositionen in welchem Fall zu verwenden sind:

Frage: Wo?/Wohin?		
feminin	en (ohne Artikel)	Je vais en France. J'habite en Allemagne.
maskulin	au (à + le)	Mon cousin habite au Canada. En été, nous allons au Danemark.
im Plural	aux (à + les)	Elle habite aux Pays-Bas.
Frage: Woher?		
feminin	de (ohne Artikel)	Je viens de France.
maskulin	du (de + le)	Tu viens du Portugal?
im Plural	des (de + les)	Il vient des Etats-Unis.

Online-Abschlusstest

In diesem Kapitel konntest du alle Grammatikthemen von Découvertes 3 nachlesen.

Unter www.kompaktwissen.klettlerntraining.de kannst du nun überprüfen, wie sicher du den Stoff von Découvertes 3 beherrschst.

Zu den Themen von Découvertes 3 erhältst du Tests mit Aufgaben. Wenn du sie bearbeitet hast, bekommst du am Ende der Tests eine Auswertung.

Willst du immer im Blick haben, welche Themen du schon kannst oder was du besser nochmals wiederholst? Dann übertrage deine Online-Ergebnisse unten in die Tabelle.

Viel Erfolg beim Online-Test!

Mein Ergebnis im Online-Test – Découvertes 3

Thema	☒ Test gut bestanden	☒ will ich wiederholen
Verben und Zeiten		
Pronomen		
Adjektive und Adverbien		

Découvertes 4

Découvertes 4

QUICK-FINDER

1 Verben und Zeiten / Modi

- Unregelmäßige Verben ➔ 128
- Der Subjonctif présent ➔ S. 131
- Das Conditionnel présent ➔ 136
- Der Bedingungssatz I ➔ S. 138
- Der Bedingungssatz II ➔ S. 139
- Das Conditionnel passé ➔ S. 139
- Der Bedingungssatz III ➔ S. 140
- Das Passé simple ➔ S. 140
- Das Gérondif ➔ S. 141
- *avoir besoin de (faire) qc* ➔ S. 142
- Infinitive nach Verben, Adjektiven und Nomen ➔ S. 143
- Die Verneinung: *personne ne …, rien ne …, aucun(e) ne …* ➔ S. 145
- Die Zeitenfolge in der indirekten Rede ➔ S. 146
- Die Veränderlichkeit des Participe passé beim Passé composé mit *avoir* ➔ S. 147

2 Pronomen

- Indefinite Begleiter und Pronomen ➛ S. 147
- Die Pronomen *en* und *y* ➛ S. 149
- Das Fragepronomen *lequel* ➛ S. 150
- Die Demonstrativpronomen ➛ S. 151

3 Zahlen

- Mengen und Zahlen benennen ➛ S. 152

4 *si* oder *quand*? ➛ S. 154

5 Ländernamen, Nationalitätsbezeichnungen und Sprachen

- Ländernamen, Nationalitätsbezeichnungen, Sprachen ➛ S. 155
- Präpositionen bei Ländernamen ➛ S. 156

Online-Abschlusstest ➛ S. 157

1 Verben und Zeiten / Modi

Unregelmäßige Verben

Das Verb *s'apercevoir*

Présent:	
je m'aperçois	nous nous apercevons
tu t'aperçois	vous vous apercevez
il / elle / on s'aperçoit	ils / elles s'aperçoivent
Passé composé: je me suis aperçu(e) Imparfait: je m'apercevais Futur simple: je m'apercevrai Conditionnel présent: je m'apercevrais Subjonctif présent: que je m'aperçoive / que nous nous apercevions	

Hinweis: Das Verb *s'apercevoir* wird wie das Verb *recevoir* konjugiert.

Das Verb *s'en aller*

Présent:	
je m'en vais	nous nous en allons
tu t'en vas	vous vous en allez
il / elle / on s'en va	ils / elles s'en vont
Impératif: Va-t'en. / Allons-nous-en. / Allez-vous-en. Passé composé: je m'en suis allé(e) Imparfait: je m'en allais Futur simple: je m'en irai Conditionnel présent: je m'en irais Subjonctif présent: que je m'en aille / que nous nous en allions	

Das Verb *fuir*

Présent:	
je fuis	nous fuyons
tu fuis	vous fuyez
il / elle / on fuit	ils / elles fuient

Impératif: Fuis. / Fuyons. / Fuyez.
Passé composé: j'ai fui
Imparfait: je fuyais
Futur simple: je fuirai
Conditionnel présent: je fuirais
Subjonctif présent: que je fuie / que nous fuyions

Das Verb *interrompre*

Présent:	
j'interromps	nous interrompons
tu interromps	vous interrompez
il / elle / on interrompt	ils / elles interrompent

Impératif: Interromps. / Interrompons. / Interrompez.
Passé composé: j'ai interrompu
Imparfait: j'interrompais
Futur simple: j'interromprai
Conditionnel présent: j'interromprais
Subjonctif présent: que j'interrompe / que nous interrompions

Das Verb *suffire*

Présent: il/elle/on suffit	ils/elles suffisent
Passé composé: il a suffi Imparfait: il suffisait Futur simple: il suffira Conditionnel présent: il suffirait Subjonctif présent: qu'il suffise	

Hinweise:
- Das Verb *suffire* wird fast ausschließlich in der 3. Person Singular oder Plural verwendet.
- Nach der Form: *il suffit que …* musst du den *Subjonctif* verwenden.

Das Verb *naître*

Présent: il/elle/on naît	ils/elles naissent
Passé composé: je suis né(e), tu es né(e), il/elle est né(e) Imparfait: il naissait/ils naissaient Futur simple: il naîtra/ils naîtront Conditionnel présent: il naîtrait/ils naîtraient Subjonctif présent: qu'il naisse/qu'ils naissent	

Hinweise:
- Das Verb *naître* wird fast ausschließlich in der 3. Person Singular oder Plural verwendet.
- Das Verb *naître* wird wie das Verb *connaître* konjugiert.

Der Subjonctif présent

Regeln:

- Fast alle Verben bilden den *Subjonctif présent* wie folgt: Der Stamm der 3. Person Plural Präsens + die Endungen *-e, -es, -e, -ions, -iez, -ent.*

Beispiele:

	3. Pers. Pl. Präsens	Subjonctif présent
travailler	ils **travaill**ent	que je travaill**e**
manger	ils **mang**ent	que tu mang**es**
partir	ils **part**ent	qu'il part**e**
répondre	ils **répond**ent	que nous répond**ions**
finir	ils **finiss**ent	que vous finiss**iez**
écrire	ils **écriv**ent	qu'ils écriv**ent**

Weitere Beispiele und Formen mit Besonderheiten:

Infinitiv	Singular	Plural
écouter	que j'écoute	que nous écoutions que vous écoutiez
➛ *ebenso: alle Verben auf -er*		
acheter	que j'achète	que nous achetions que vous achetiez
➛ *ebenso: se lever, se promener*		
appeler	que j'appelle	que nous appelions que vous appeliez
➛ *ebenso: jeter*		
répondre	que je réponde	que nous répondions que vous répondiez
➛ *ebenso: attendre, descendre, entendre, vendre*		

finir	que je finisse	que nous finissions que vous finissiez
➛ *ebenso: applaudir, choisir, réfléchir, réussir*		
prendre	que je prenne	que nous prenions que vous preniez
➛ *ebenso: apprendre, comprendre*		
sortir	que je sorte	que nous sortions que vous sortiez
➛ *ebenso: dormir, partir, sentir*		
venir	que je vienne	que nous venions que vous veniez
➛ *ebenso: devenir, revenir*		
dire	que je dise	que nous disions que vous disiez
➛ *ebenso: lire*		
écrire	que j'écrive	que nous écrivions que vous écriviez
➛ *ebenso: décrire*		
mettre	que je mette	que nous mettions que vous mettiez
➛ *ebenso: permettre*		
recevoir	que je reçoive	que nous recevions que vous receviez
➛ *ebenso: devoir*		
rire	que je rie	que nous riions que vous riiez
voir	que je voie	que nous voyions que vous voyiez
➛ *ebenso: employer, envoyer, essayer, payer*		

- Einige Verben haben eine Sonderform im *Subjonctif*:

Weitere Beispiele und Formen mit Besonderheiten:		
Infinitiv	Singular	Plural
avoir	que j'aie que tu aies qu'il ait	que nous ayons que vous ayez qu'ils aient
être	que je sois que tu sois qu'il soit	que nous soyons que vous soyez qu'ils soient
pouvoir	que je puisse que tu puisses qu'il puisse	que nous puissions que vous puissiez qu'ils puissent
savoir	que je sache que tu saches qu'il sache	que nous sachions que vous sachiez qu'ils sachent
faire	que je fasse que tu fasses qu'il fasse	que nous fassions que vous fassiez qu'ils fassent
aller	que j'aille que tu ailles qu'il aille	que nous allions que vous alliez qu'ils aillent
vouloir	que je veuille que tu veuilles qu'il veuille	que nous voulions que vous vouliez qu'ils veuillent

- Den *Subjonctif présent* verwendest du in Nebensätzen mit *que*. Er muss nach ganz bestimmten Verben und Ausdrücken eingesetzt werden = *Subjonctif*-Auslöser.

Hinweis: Der *Subjonctif* und der Indikativ sind ein Modus = eine Aussageweise. Mit dem Indikativ gibst du Tatsachen, Wirklichkeiten wieder. Der *Subjonctif* wird dagegen eingesetzt, um Einstellungen, wie Gefühle oder Wertungen zu äußern.

Beispiele:		
Maman n'**est** pas contente.	Indikativ	*Mama ist nicht zufrieden.*
Je voudrais que maman **soit** contente.	Subjonctif	*Ich möchte gerne, dass Mama zufrieden ist.*

- Verwende den *Subjonctif* nach Ausdrücken der **Forderung** und **Notwendigkeit**:

Beispiele:	
il faut que …	*man muss …*
il est nécessaire que …	*es ist notwendig, dass …*
vouloir que …	*wollen, dass …*
exiger que …	*fordern, dass …*
interdire que …	*verbieten, dass …*
il est temps que …	*es ist (höchste) Zeit, dass …*
trouver important que …	*es wichtig finden, dass …*
il est important que …	*es ist wichig, dass …*

- Verwende den *Subjonctif* nach Ausdrücken einer **Wertung** oder von **Gefühlen**:

Beispiele:	
c'est une chance que …	*es ist ein Glück, dass …*
détester que …	*verabscheuen, dass …*
craindre que …	*fürchten, dass …*

être heureux(-euse) que ...	*glücklich sein, dass ...*
être malheureux(-euse) que ...	*unglücklich sein, dass ...*
être triste que ...	*traurig sein, dass ...*
être content(e) que ...	*zufrieden sein, dass ...*
ça me plaît que ...	*es gefällt mir, dass ...*
ça m'amuse que ...	*es macht mir Spaß, dass ...*
avoir peur que ...	*Angst haben, dass ...*
il est ... / c'est ... / trouver ...	*es ist ... / das ist ... ...*
... bête que ...	*dumm finden, dass ...*
... bizarre que ...	*komisch finden, dass ...*
... important que ...	*wichtig finden, dass ...*
... bien / bon que ...	*gut finden, dass ...*
... mauvais que ...	*schlecht finden, dass ...*

Hinweis: Folgende Ausdrücke stehen mit dem Indikativ: *être d'avis que, croire que, trouver que.*

- Verwende den *Subjonctif*, wenn du einen **Wunsch**, eine **Bitte** oder einen **Vorschlag** äußern möchtest:

Beispiele:	
vouloir que ...	*wollen, dass ...*
préférer que ...	*bevorzugen, dass ...*
aimer que ...	*mögen, dass ...*
désirer que ...	*wünschen, dass ...*
souhaiter que ...	*wünschen, dass ...*
avoir envie que ...	*Lust darauf haben, dass ...*
proposer que ...	*vorschlagen, dass ...*
accepter que ...	*akzeptieren, dass ...*

4

Hinweise:
- Bei *espérer que (hoffen)* brauchst du nicht den *Subjonctif*, sondern den Indikativ.
- Verwende den *Subjonctif*, wenn der Hauptsatz und der Nebensatz verschiedene Subjekte haben. Ist es das gleiche Subjekt, verwende eine Infinitivkonstruktion.

Beispiele:
J'espère que tu vas bien. Louisa souhaite que nous venions à 18 heures. Vincent souhaite venir aussi.

Das Conditionnel présent

Regeln:
- Die meisten Verben bilden das *Conditionnel présent* wie das *Futur simple*, indem die Endungen an das **-r** des Infinitivs gehängt werden. Die Endungen lauten: *-ais, -ais, -ait, -ions, -iez, -aient*.

Beispiele:

Infinitiv	Conditionnel présent
travailler	je travaille**rais**
manger	tu mange**rais**
partir	il/elle/on parti**rait**
répondre	nous répond**rions**
finir	vous fini**riez**
écrire	ils/elles écri**raient**

- Bei den Verben auf **-er** mit zwei verschiedenen Stämmen im Präsens, ergibt sich die Form für das *Conditionnel présent* von der 1. Person Singular (wie beim *Futur simple*).

Beispiele:		
acheter ➛	j'achète ➛	j'achèterais
appeler ➛	j'appelle ➛	j'appellerais
payer ➛	je paie ➛	je paierais
préférer ➛	je préfère ➛	je préfèrerais / je préférerais

- Die Sonderformen der unregelmäßigen Verben sind wie beim *Futur simple*:

Inf.	Cond. prés.	Inf.	Cond. prés.
avoir	j'aurais	**savoir**	je saurais
être	je serais	**faire**	je ferais
devoir	je devrais	**recevoir**	je recevrais
pleuvoir	il pleuvrait	**aller**	j'irais
s'asseoir	je m'**assiérais**		
voir	je verrais	**pouvoir**	je pourrais
envoyer	j'enverrais	**courir**	je courrais
mourir	je mourrais		
venir	je viendrais	**vouloir**	je voudrais
falloir	il faudrait		

- Das *Conditionnel présent* wird verwendet, um einen **Wunsch**, eine **Vermutung**, einen **Ratschlag**, eine **Möglichkeit** oder eine **Bitte** zu äußern.

Beispiele:
J'aimerais travailler avec toi. Vous pourriez demander au prof. Pour l'anniversaire de mamie, j'enverrais une lettre.

Der Bedingungssatz I

Regeln:

- Mit dem Bedingungssatz I kannst du eine Bedingung ausdrücken, die noch **realisierbar** oder **wahrscheinlich** ist. Der Bedingungssatz besteht aus zwei Teilen und es müssen bestimmte Zeitformen eingehalten werden:

Nebensatz	Hauptsatz
die Bedingung: **si** …	die Folge
Présent	**Futur, Présent, Impératif**

Beispiel:
Si tu n'**as** pas envie, tu **peux/pourra** rester à la maison. *Wenn du keine Lust hast, kannst du zu Hause bleiben.*

- Weiterhin kannst du eine Bedingung ausdrücken, die möglich, aber eher **unwahrscheinlich** ist. Beachte folgendes Zeitgefüge:

Nebensatz	Hauptsatz
die Bedingung: **si** …	die Folge
Imparfait	**Conditionnel présent**

Beispiele:
Si tu ne **venais** pas toujours en retard, nous **pourrions** commencer à l'heure. *Wenn du nicht immer zu spät kommen würdest, könnten wir pünktlich anfangen.*

Der Bedingungssatz II

Regel: Mit dem Bedingungssatz II kannst du eine Bedingung ausdrücken, die **unmöglich** ist. Es gilt das gleiche Zeitgefüge wie bei einer unwahrscheinlich zu erfüllenden Bedingung:

Nebensatz	Hauptsatz
die Bedingung: **si …**	die Folge
Imparfait	**Conditionnel présent**

4

Beispiel:
Si j'étais à ta place, j'aiderais mon copain. *Wenn ich an deiner Stelle wäre, würde ich meinem Freund helfen.*

Das Conditionnel passé

Regeln:

- Das *Conditionnel passé* wird gebildet aus dem *Conditionnel présent* von *avoir* oder *être* und dem *Participe passé.*

Beispiele:
A ta place, j'**aurais aidé** mon copain. Nous **serions partis** plus tôt si …

- Es wird verwendet, um eine Möglichkeit in der Vergangenheit auszudrücken. Etwas hätte stattfinden können, hat aber nicht stattgefunden.

Hinweis: Denke an die Angleichregeln wie beim *Passé composé.*

Der Bedingungssatz III

Regeln:

- Mit dem Bedingungssatz III kannst du eine Bedingung ausdrücken, deren Erfüllung nicht mehr möglich ist oder deren Geschehen in der Vergangenheit liegt. Beachte folgendes Zeitgefüge:

Nebensatz	**Hauptsatz**
die Bedingung: **si ...**	die Folge
Plus-que-parfait	**Conditionnel passé**

Beispiel:
Si j'**avais eu** plus de temps, j'**aurais fini** mon affiche. Wenn ich mehr Zeit gehabt hätte, hätte ich mein Plakat zu Ende machen können.

Das Passé simple

Regel: Das *Passé simple* wird v. a. in der Schriftsprache, z. B. in literarischen oder historischen Texten, statt des *Passé composé* verwendet.
Merke dir besonders die Formen in der 3. Person Singular und Plural, sie finden am häufigsten Verwendung.

Beispiele:			
	Verben auf -er	Verben auf -ir	Verben auf -dre
	habiter	partir	attendre
il/elle/on ils/elles	habita habitèrent	partit partirent	attendit attendirent

Hinweis: Beachte unregelmäßige Formen, hier sind einige aufgeführt:

avoir	il eut / ils eurent	**mettre**	il mit / ils mirent
être	il fut / ils furent	**voir**	il vit / ils virent
dire	il dit / ils dirent	**courir**	il courut / ils coururent
venir	il vint / ils vinrent	**disparaître**	il disparut / ils disparurent

Das Gérondif

Regeln:

- Das *Gérondif* setzt sich aus *en* + *Participe présent* zusammen. Das *Participe présent* bildest du mit dem Verbstamm der 1. Person Plural Präsens, an den Stamm hängst du immer die Endung *-ant* an.

Beispiele:

	1. P. P. Präsens: nous	Gérondif
travailler	travaillons	travaill**ant**
manger	mangeons	mange**ant**
partir	partons	part**ant**
répondre	répondons	répond**ant**

Achtung: Nur drei Verben haben ein unregelmäßiges *Participe présent*:

avoir	en ayant
être	en étant
savoir	en sachant

- Es wird verwendet, um zwei Hauptsätze miteinander zu verbinden oder Sätze zu verkürzen. Die beiden Teilsätze müssen dasselbe Subjekt haben. Es ist zeitlich neutral.
- Das *Gérondif* kann drei Bedeutungen haben: Gleichzeitigkeit: Nebensatz mit *pendant que*, *quand* oder zwei Hauptsätze mit *et* verbunden.

Beispiele:	
Pendant que je fais la cuisine, j'écoute la radio.	En faisant la cuisine, j'écoute la radio.

- Bedingung: Bedingungsatz mit *si*

Beispiele:	
Si tu n'avais pas fait attention, tu serais tombé.	En ne faisant pas attention, tu serais tombé.

- Art und Weise: Zwei Hauptsätze, die durch *comme ça*, *de la façon suivante* oder *ainsi* verbunden sind.

Beispiele:	
Tu peux m'aider ainsi: Tu mets la table.	Tu peux m'aider en mettant la table.

avoir besoin de (faire) qc

Regel: Der Ausdruck *avoir besoin de qc / qn = etw. / jdn. brauchen / benötigen* bzw. *avoir besoin de faire qc = etw. tun müssen* steht immer mit *de*. Je nachdem, ob es im Deutschen nach *brauchen* einen Begleiter gibt, ergänzt du auch den französischen Satz.

Beispiele:	
J'ai besoin d'un nouveau portable.	*Ich brauche ein neues Handy.*

J'ai besoin de travailler pour l'examen.	*Ich muss für den Test lernen.*

Infinitive nach Verben, Adjektiven und Nomen

Regel: Infinitive können nach Verben, Adjektiven und Nomen mit oder ohne Präposition angeschlossen werden. Präge dir die Anschlüsse gut ein:

Beispiele: Verben + Infinitivanschluss ohne Präposition	
aller faire qc	*etw. tun werden*
pouvoir faire qc	*etw. tun können*
aimer faire qc	*etw. gerne tun*
prétendre faire qc	*etw. behaupten zu tun*
venir faire qc	*kommen, um etw. zu tun*
Beispiele:	
On **peut aller** en voiture. Nous **aimons jouer** aux cartes.	

Beispiele: Verben + Infinitivanschluss mit der Präposition à	
commencer à faire qc	*beginnen, etw. zu tun*
réussir à faire qc	*gelingen, etw. zu tun / etw. fertigbringen*
Beispiel:	
J'ai **commence à avoir** faim.	

Beispiele: Verben + Infinitivanschluss mit der Präposition de	
avoir besoin de faire qc	*etw. tun müssen*
être en train de faire qc	*gerade etw. tun*

venir de faire qc	*gerade etw. getan haben*
essayer de faire qc	*versuchen, etw. zu tun*
promettre de faire qc	*versprechen, etw. zu tun*
Beispiele:	
J'**essaie de venir** aussi. Je te **promets de faire** les courses après l'école.	

Beispiele: Nomen und Adjektive + Infinitivanschluss mit der Präposition à	
être le premier / la première à faire qc	*der Erste / die Erste sein, der / die etw. macht*
être prêt à faire qc	*bereit sein, etw. zu tun*
Beispiel:	
Elke **est la première à discuter**.	

Beispiele: Nomen und Adjektive + Infinitivanschluss mit der Präposition de	
avoir envie de faire qc	*Lust haben, etw. zu tun*
avoir / prendre le temps de faire qc	*die Zeit haben / sich die Zeit nehmen, etw. zu tun*
être capable de faire qc	*fähig sein, etw. zu tun*
Beispiel:	
Nous **avons envie d'aller** en ville.	

Hinweise:

- Bei einem verneinten Satz steht auch hier das konjugierte Verb zwischen den Verneinungselementen.
- Steht nach diesen Verben ein Infinitiv, rücken die Pronomen direkt vor den Infinitiv.

- Steht der Infinitiv in Zusammenhang mit der Verneinung, rücken die Verneinungselemente geschlossen vor den Infinitiv.

Beispiele:
Elle n'a pas envie d'y aller. Il aime ne pas la voir.

Die Verneinung: *personne ne ..., rien ne ..., aucun(e) ne ...*

Regel: *Personne, rien* und *aucun(e)* können auch als Subjekt eines Satzes verwendet werden. Die Verneinungselemente rücken in diesem Fall geschlossen vor das Verb. Das Verneinungselement *pas* fällt weg.

Beispiele:
Personne ne voulait venir. **Rien ne** me faisait plaisir.

Hinweise:

- Beachte, dass *aucun* an das Geschlecht des Wortes, das es ersetzt, angepasst werden muss.

Beispiel:
Aucune fille **n'**est sortie ce soir.

- *Personne, rien* und *aucun(e)* können auch in Sätzen ohne Verb alleine stehen.

Beispiele:
Qui est venu à ta fête? – **Personne.** Qu'est-ce que tu as acheté aujourd'hui? – **Rien.**

Die Zeitenfolge in der indirekten Rede

Regel: Möchtest du einen Satz in der indirekten Rede wiedergeben und das redeeinleitende Verb steht in der Vergangenheit, musst du im Nebensatz folgende Zeitverschiebungen beachten:

Direkte Rede / Frage	Indirekte Rede / Frage
Présent ➛	Imparfait
Passé composé ➛	Plus-que-parfait
Futur simple ➛	Conditionnel présent

Hinweis: Achte auch auf das Anpassen der Zeit- und Ortsangaben:

Direkte Rede / Frage	Indirekte Rede / Frage
hier ➛	la veille
aujourd'hui ➛	ce jour-là
demain ➛	le lendemain
ici ➛	là-bas

Hinweis: Steht das Verb in der direkten Rede bereits im *Imparfait, Plus-que-parfait, Conditionnel présent* oder *Conditionnel passé*, dann findet keine Zeitverschiebung mehr statt.

Direkte Rede / Frage	Indirekte Rede / Frage
Louisa a demandé: « Est-ce que Ben est à la maison? »	Louisa a demandé si Ben était à la maison.
Jan voulait savoir: « Est-ce que Marc est venu hier? »	Jan voulait savoir si Marc était venu la veille.
Julien a raconté: « Je serais venu, mais … »	Julien a raconté qu'il serait venu, mais …

Die Veränderlichkeit des Participe passé beim Passé composé mit *avoir*

Regel: Steht vor dem *Participe passé* beim *Passé composé* ein direktes Objekt, dann muss das Partizip in Numerus und Genus an das direkte Objekt angeglichen werden.
Direkte Objekte können sein: *la / l'*, *les*, *me*, *te*, *nous*, *vous* oder das Relativpronomen *que / qu'*.

Beispiele:
Où est-ce que tu as acheté **tes baskets**? ➛ Je **les** ai **achetées** à Paris.
Il **nous** a **appelés** hier soir. (appeler qn)
Il a reçu **une surprise** que sa copine lui avait **promise**.

Hinweise:
- Achte bei *me, te, nous, vous* darauf, ob es sich um ein direktes oder indirektes Objekt handelt.
- Beachte diese Regel auch beim *Plus-que-parfait*.

2 Pronomen

Indefinite Begleiter und Pronomen

Regel: Zu den indefiniten Begleitern und Pronomen zählen u. a. *chaque* und *quelque*. Sie können als Begleiter oder als Pronomen auftreten.

Indefinite Begleiter (stehen immer vor dem Nomen)		Indefinite Pronomen (stehen ohne Nomen)
chaque + Nomen im Singular	*jeder / jede / jedes*	chacun / chacune
(ne) aucun / aucune aucun / aucune (ne) + Nomen im Singular	*kein / keine*	(ne) aucun / aucune aucun / aucune (ne)
quelques + Nomen im Plural	*einige*	quelques-uns / quelques-unes
certains / certaines + Nomen im Plural	*gewisse / einige*	certains / certaines
plusieurs + Nomen im Plural	*mehrere*	plusieurs
un / une autre + Nomen im Singular	*ein / eine andere(s) / anderer*	un / une autre
les autres / d'autres + Nomen im Plural	*die anderen / andere*	les autres / d'autres
tous / toutes + Artikel + Nomen im Plural	*alle*	tous / toutes (Subjekt) les (…) tous / toutes (dir. Objekt)

Beispiele:
Chacune a préparé un exposé. / Chaque fille de la classe a préparé un exposé.
Quelques-unes parlent de la nature. / Quelques filles parlent de la nature.
Certaines parlent de la technique. / Certaines filles parlent de la technique.

Hinweis: Die Begleiter stehen immer mit einem Nomen. Die Pronomen ersetzen ein Nomen.

Die Pronomen *en* und *y*

Das Pronomen *en*

Regel: *en* ersetzt Ergänzungen mit *de* nach Verben und Adjektiven. Das Pronomen steht vor dem konjugierten Verb. Steht nach dem konjugierten Verb ein Infinitiv, rückt *en* vor den Infinitiv. Es wird übersetzt mit: *von dort, davon, darüber*.

Beispiele:
Elle est contente de son exposé. ➛ Elle en est contente. Marc n'aime pas le thé. ➛ Il n'aime pas en goûter.

Das Pronomen *y*

Regel: *y* steht für Ortsbezeichnungen, die mit den Präpositionen *à, dans, en, sur* usw. eingeleitet werden. Außerdem kann es für andere Ergänzungen mit *à* stehen, die sich auf Sachen beziehen. *Y* rückt an die gleichen Stellen im Satz wie *en*.

Beispiele:
Je vais à Toulouse la semaine prochaine. ➛ J'y vais. Tu as pensé aux livres? ➛ Oui, j'y ai pensé.

Das Fragepronomen *lequel*

Regeln:

- Die Formen des Fragepronomens *lequel* richten sich in Genus und Numerus nach den Bezugswörtern. Du kannst damit nach Sachen und Personen fragen, die bereits genannt wurden.

	maskulin	feminin
Singular	lequel	laquelle
Plural	lesquels	lesquelles

Hinweis: Du kennst diese Formen bereits vom Relativpronomen *lequel*.

Beispiele:	
Nous avons visité un musée. ➛	**Lequel?**
Tu as vu l'affiche? ➛	**Laquelle?**
Je veux vendre mes livres. ➛	**Lesquels?**

- Die Fragepronomen können auch mit Präpositionen verwendet werden. Bei den Präpositionen *à* und *de* ergeben sich folgende Formen:

	maskulin	feminin
Singular	auquel/duquel	à laquelle/ de laquelle
Plural	auxquels /desquels	auxquelles/ desquelles

Beispiele:	
J'ai visité le Louvre avec une copine. ➛	**Avec laquelle?**
Tu peux demander au prof? ➛	**Auquel?**
Elle raconte de sa tante. ➛	**De laquelle?**

Die Demonstrativpronomen

Regeln:

- Die Demonstrativpronomen lauten:

	maskulin	**feminin**
Singular	celui	celle
Plural	ceux	celles

- Die Demonstrativpronomen können nicht allein stehen, sondern immer in Verbindung mit einem Stützwort (*-ci* / *-là*), einem Relativsatz (mit *qui* / *que* / *dont* / *où*) oder einer präpositionalen Ergänzung (z. B. mit *avec* / *de* / *pour* / *sans*).

Beispiele:	
Quel film est-ce-que tu veux voir?	**Celui-ci** ou **celui-là**?
Tu prends quelle photo?	Je prends **celle qui** est dans la cuisine.
C'est sont tes chaussures?	Non, ce sont **celles de** mon frère.

3 Zahlen

Mengen und Zahlen benennen

Hinweis: Es gibt verschiedene Möglichkeiten, um Mengen und Zahlen zu benennen. Hier ein kleiner Einblick:

Mengenangaben + de + Nomen	
peu de	Il prend **peu de** tomates. *Er nimmt wenige Tomaten.*
beaucoup de	Elle prend **beaucoup de** pommes. *Sie nimmt viele Äpfel.*
une bouteille de	Pour l'anniversaire de mamie, papi ouvre **une bouteille de** champagne. *Zu Omas Geburtstag öffnet Opa eine Flasche Champagner.*
un gramme de	Il ajoute **un gramme de** sel au gâteau. *Er fügt dem Kuchen ein Gramm Salz hinzu.*

Ordnungszahlen	
1er/le premier 1re/la première	Elle était **la première** aujourd'hui. *Sie war heute erste.*
2e/le/la deuxième; le second, la seconde	Marie habite **au deuxième/ second** étage. *Marie wohnt im zweiten Stock.*
3e/le/la troisième	Elle demande déjà **la troisième** fois. *Sie fragt schon zum dritten Mal.*

Bruchzahlen und verwandte Ausdrücke	
1/4 / un quart	**Un quart des élèves** n'ont pas cours cet après-midi. *Ein Viertel der Schüler hat heute Nachmittag keinen Unterricht.*
1/2 / un demi	Il faut **un demi-litre** de l'eau. *Man braucht einen halben Liter Wasser.*
9/10 / les neuf dixièmes	**Les neuf dixièmes de mes amis** ont un portable. *Neun Zehntel meiner Freunde haben ein Handy.*
la moitié	Elle passe **la moitié de son temps** avec ses copines. *Sie verbringt die Hälfte ihrer Zeit mit ihren Freundinnen.*
neuf sur dix	**Neuf fois sur dix**, Luc ne répond pas au téléphone. *Neun von zehn Mal geht Luc nicht ans Telefon.*

Prozentzahlen	
80 % (quatre-vingts pour cent)	**80 % de ma classe** sont dans un club de sport. *80 % meiner Klasse sind in einem Sportverein.*
63 % (soixante-trois pour cent)	**63 % de ma classe** reçoivent de l'argent de poche. *63 % meiner Klasse bekommen Taschengeld.*

4 *si* oder *quand*?

Regel: *Si* und *quand* heißen auf Deutsch *wenn*. Je nach Bedeutung musst du *si* oder *quand* im Satz einsetzen:
- *wenn* im Sinne von *falls* = *si* (Bedingungssatz)
- *wenn* im Sinne von *sobald / jedes Mal wenn* = *quand* (zeitliches Verhältnis)

Beispiele:	
S'il faisait plus chaud, on pourrait aller à la piscine.	*Wenn (➛ Falls) es wärmer wäre, könnten wir ins Schwimmbad gehen.*
Quand Théo est arrivé, on peut commencer.	*Wenn (➛ Sobald) Théo da ist, können wir anfangen.*

5 Ländernamen, Nationalitätsbezeichnungen und Sprachen

Ländernamen, Nationalitätsbezeichnungen, Sprachen

Ländernamen

Regeln:

- Im Französischen brauchst du für alle Ländernamen sowie Kontinente, Provinzen, Regionen einen Artikel. Es gibt feminine und maskuline Ländernamen:

feminin	Ländernamen mit der Endung **-e**	z. B. la France, la Suisse, l'Allemagne
maskulin	Ländernamen, die nicht auf **-e** enden	z. B. le Canada, le Portugal, le Danemark
im Plural		z. B. les Pays-Bas (m.), les Etats-Unis (m.)

Nationalitätsbezeichnungen

- Die Bezeichnungen für die jeweilige Nationalität richten sich in Numerus und Genus nach dem Nomen.

Hinweis: Nach *être* + Nationalität können die Bewohner eines Landes klein oder groß geschrieben werden.
Steht der Bewohner eines Landes hingegen mit einem Zahlwort oder einem Begleiter, musst du auf Großschreibung achten.

Beispiele:
Marie est française / Française. Elle a un copain italien. Elle connait aussi deux Anglais.

Sprachen

- Sprachen sind maskulin und werden kleingeschrieben.

Beispiele:
Mon père parle (l') allemand et (le) français. A l'école, j'apprends l'anglais, l'espagnol et le danois.

Präpositionen bei Ländernamen

Regeln: Schau dir folgende Übersichten an, welche Präpositionen in welchem Fall zu verwenden sind:

Frage: Wo? / Wohin?		
feminin	en (ohne Artikel)	Je vais en France. J'habite en Allemagne.
maskulin	au (à + le)	Mon cousin habite au Canada. En été, nous allons au Danemark.
im Plural	aux (à + les)	Elle habite aux Pays-Bas.
Frage: Woher?		
feminin	de (ohne Artikel)	Je viens de France. Je viens d'Europe.
maskulin	du (de + le)	Tu viens du Luxembourg?
im Plural	des (de + les)	Elle vient des Etats-Unis.

Online-Abschlusstest

In diesem Kapitel konntest du alle Grammatikthemen von Découvertes 4 nachlesen.

Unter www.kompaktwissen.klettlerntraining.de kannst du nun überprüfen, wie sicher du den Stoff von Découvertes 4 beherrschst.

Zu den Themen von Découvertes 4 erhältst du Tests mit Aufgaben. Wenn du sie bearbeitet hast, bekommst du am Ende der Tests eine Auswertung.

Willst du immer im Blick haben, welche Themen du schon kannst oder was du besser nochmals wiederholst? Dann übertrage deine Online-Ergebnisse unten in die Tabelle.

Viel Erfolg beim Online-Test!

Mein Ergebnis im Online-Test – Découvertes 4

Thema	☒ Test gut bestanden	☒ will ich wiederholen
Verben		
Zeiten und Modi		
Ländernamen, Nationalitätsbezeichnungen und Sprachen		

Découvertes 5

Découvertes 5

QUICK-FINDER

1 Verben und Zeiten / Modi

- Das Gérondif → S. 162
- Der Subjonctif nach Konjunktionen → S. 163
- Der Subjonctif nach Verben und Ausdrücken des Denkens und Meinens → S. 164
- Das Passiv → S. 164
- Das Conditionnel passé → S. 165
- Der Bedingungssatz III → S. 166
- Das Passé simple → S. 166
- Das Futur antérieur → S. 167
- *faire faire* und *laisser faire* → S. 168
- Die Angleichung des Participe passé nach *combien de* und *quelle / quels / quelles* → S. 168
- Die reflexiven Verben: Angleichung des Participe passé → S. 169
- Das Participe présent → S. 169
- Transitive und intransitive Verben → S. 170
- Die Zeitenfolge in der indirekten Rede → S. 171
- Die Verneinung mit *ne … ni … ni* → S. 172

2 Pronomen

- Die Demonstrativpronomen → S. 172
- Die Fragepronomen *lequel* und *quoi* → S. 173
- Die Possessivpronomen → S. 174
- Die Reihenfolge der Pronomen im Satz → S. 175
- Zwei Pronomen beim Imperativ → S. 176

3 Adjektive

Adjektive mit wechselnder Bedeutung bei Vor- und Nachstellung → S. 177

4 Der Satz

- Die Infinitivsätze mit *pour, sans, avant de, après* → S. 178
- Passivsatz im Deutschen, Aktivsatz im Französischen → S. 179
- Die absolute Fragestellung → S. 180
- Die Hervorhebung mit *c'est … qui* und *c'est … que* → S. 180

5 *tant* und *autant* → S. 181

6 Überblick über die wichtigsten Präpositionen → S. 182

Online-Abschlusstest → S. 183

1 Verben und Zeiten / Modi

Das Gérondif

Regeln:

- Das Gérondif setzt sich aus *en* + *Participe présent* zusammen. Das *Participe présent* bildest du mit dem Verbstamm der 1. Person Plural Präsens, an den Stamm hängst du immer die Endung *-ant* an.

Beispiele:

	1. P. P. Präsens: nous	Gérondif
travailler	travaillons	travaill**ant**
manger	mangeons	mange**ant**
partir	partons	part**ant**
répondre	répondons	répond**ant**

Achtung: Nur drei Verben haben ein unregelmäßiges *Participe présent*:

avoir	en ayant
être	en étant
savoir	en sachant

- Es wird verwendet, um zwei Hauptsätze miteinander zu verbinden oder Sätze zu verkürzen. Die beiden Teilsätze müssen dasselbe Subjekt haben. Es ist zeitlich neutral.
- Das Gérondif kann drei Bedeutungen haben: Gleichzeitigkeit: Nebensatz mit *pendant que, quand* oder zwei Hauptsätze mit *et* verbunden.

Beispiel:

Pendant que je fais la cuisine, j'écoute la radio.	En faisant la cuisine, j'écoute la radio.

- Bedingung: Bedingungssatz mit *si*

Beispiel:	
Si tu avais fait attention, tu ne serais pas tombé.	En faisant attention, tu ne serais pas tombé.

- Art und Weise: Zwei Hauptsätze, die durch *comme ça, de la façon suivante* oder *ainsi* verbunden sind.

Beispiel:	
Tu peux m'aider ainsi: Tu mets la table.	Tu peux m'aider en mettant la table.

Hinweise:

- Die Reflexiv- und Objektpronomen sowie die Pronomen *en* und *y* werden zwischen *en* und das Verb gesetzt.
- **Achtung:** Folgt hinter der Verbform ein Infinitiv, dann stehen die Pronomen vor dem Verb, zu dem sie sinngemäß zugeordnet werden können.
- Bei der Verneinung werden die Verbform und die Pronomen von den Verneinungselementen eingeschlossen.

Beispiele:
En lui envoyant une lettre, tu lui feras plaisir. Il n'est pas content en ne lui parlant pas.

Der Subjonctif nach Konjunktionen

Regel: Der *Subjonctif* steht nach folgenden Konjunktionen: *pour que, bien que, jusqu'à ce que, quoique, sans que, avant que*.

Beispiel:
Léon veut aller à la piscine **bien qu**'il n'**ait** pas de temps.

Der Subjonctif nach Verben und Ausdrücken des Denkens und Meinens

Regel: Nach Verben und Ausdrücken des Denkens und Meinens steht der Indikativ. Sind diese verneint, musst du den *Subjonctif* verwenden. Merke dir folgende Verben: *être d'avis que, croire que, penser que, trouver que*. Sie drücken dann einen Zweifel / eine Unsicherheit aus.

Beispiel:	
Je crois que tu peux venir à la fête.	Je **ne crois pas** que tu **puisses** venir à la fête.

Achtung: Merke dir zwei weitere Ausdrücke, die mit dem *Subjonctif* stehen: *il est (im)possible que, je ne suis pas sûr(e) que*.

Das Passiv

Regeln:

- Das Passiv wird mit einer Form von *être* und dem *Participe passé* des Verbs gebildet.

Beispiele:	
je suis interrogé(e) il / elle est interrogé / interrogée nous sommes interrogé(e)s	*ich werde befragt* *er / sie wird befragt* *wir werden befragt*

Hinweis: Das *Participe passé* richtet sich in Geschlecht und Numerus wieder nach dem Subjekt des Satzes.

- Das Passiv kann in allen Zeitformen und Modi verwendet werden:

Beispiele:

Passé composé	j'ai été interrogé(e)	*ich bin befragt worden / wurde befragt*
Imparfait	j'étais interrogé(e)	*ich wurde befragt*
Futur simple	je serai interrogé(e)	*ich werde befragt (werden)*
Conditionnel présent	je serais interrogé(e)	*ich würde befragt werden*
Subjonctif	… que je sois interrogé(e)	*… dass ich befragt werde*
Passé simple	il fut interrogé	*er ist befragt worden / wurde befragt*

- Es kann einen Zustand oder einen Vorgang wiedergeben. Der Urheber wird mit *par* eingeleitet.
- Es findet hauptsächlich im Schriftlichen Verwendung. Für den mündlichen Sprachgebrauch siehe Seite 179.

Das Conditionnel passé

Regeln:

- Das *Conditionnel passé* wird gebildet aus dem *Conditionnel présent* von *avoir* oder *être* und dem *Participe passé*.

Beispiele:

A ta place, j'aurais aidé mon copain.
Nous serions partis plus tôt …

- Es wird verwendet, um eine Möglichkeit in der Vergangenheit auszudrücken. Etwas hätte stattfinden können, hat aber nicht stattgefunden.

Hinweis: Denke an die Angleichregeln wie beim *Passé composé*.

Der Bedingungssatz III

Regeln:

- Mit dem Bedingungssatz III kannst du eine Bedingung ausdrücken, deren Erfüllung nicht mehr möglich ist oder deren Geschehen in der Vergangenheit liegt. Beachte folgendes Zeitgefüge:

Nebensatz	Hauptsatz
die Bedingung: **si ...**	die Folge
Plus-que-parfait	**Conditionnel passé**
Beispiel:	
Si j'**avais eu** plus de temps, j'**aurais fini** mon affiche. *Wenn ich mehr Zeit gehabt hätte, hätte ich mein Plakat zu Ende machen können.*	

Das Passé simple

Regel: Das *Passé simple* wird v. a. in der Schriftsprache statt des *Passé composé* verwendet. Merke dir besonders die Formen in der 3. Person Singular und Plural, sie kommen am häufigsten vor.

	habiter	partir	attendre
je/j'	habitai	partis	attendis
tu	habitas	partis	attendis
il/elle/on	habita	partit	attendit
nous	habitâmes	partîmes	attendîmes
vous	habitâtes	partîtes	attendîtes
ils/elles	habitèrent	partirent	attendirent

Hinweis: Beachte die unregelmäßigen Formen, hier sind einige aufgeführt:

avoir	il eut / ils eurent	mettre	il mit / ils mirent
être	il fut / ils furent	voir	il vit / ils virent
dire	il dit / ils dirent	courir	il courut / ils coururent
venir	il vint / ils vinrent	disparaître	il disparut / ils disparurent

Das Futur antérieur

Regeln:

- Für die Bildung des *Futur antérieur* brauchst du eine Form von *avoir* oder *être* im *Futur simple* sowie das *Participe passé*. Das *Participe passé* muss wieder angeglichen werden.

Beispiele:	
Quand j'**aurai lu** la BD, je te la donnerai.	*Wenn ich den Comic gelesen habe, werde ich ihn dir geben.*
Quand je **serai parti(e)**, tu pourras sortir.	*Wenn ich gegangen bin, wirst du ausgehen können.*

- Es wird eine in der Zukunft abgeschlossene Handlung bezeichnet.

faire faire und *laisser faire*

Regeln:

- Merke dir die unterschiedlichen Bedeutungen von *faire faire* und *laisser faire*, im Deutschen gibt es diese Unterscheidung nicht:

faire faire	*lassen im Sinne von veranlassen*
laisser faire	*lassen im Sinne von zulassen*

- Ein Objekt: Ist das Objekt ein Nomen, steht es bei *faire faire* nach dem Infinitiv und bei *laisser faire* vor oder nach dem Infinitiv.
  Ist das Objekt ein Pronomen, steht es vor dem *faire faire* oder *laisser faire*.
- Zwei Objekte: Das Personenobjekt ist das indirekte Objekt, das Sachobjekt ist das direkte Objekt.

Beispiele:	
Ma mère me fait ranger ma chambre.	*Meine Mutter lässt mich mein Zimmer aufräumen.*
Ma mère me laisse sortir.	*Meine Mutter lässt mich ausgehen.*
Ma copine me laisse porter sa jupe.	*Meine Freundin lässt mich ihren Rock tragen.*

Die Angleichung des Participe passé nach *combien de* und *quelle / quels / quelles*

Regel: Wenn beim *Passé composé* mit *avoir* ein direktes Objekt vor dem *Participe passé* steht, wird dieses in Numerus und Genus an das direkte Objekt angeglichen.
Das direkte Objekt ist hier *combien de* bzw. *quelle / quels / quelles*.

Beispiele:
Quelles chansons est-ce que tu as **aimées** hier soir? **Quelle photo** est-ce que tu as **choisie**? **Combien de lettres** est-ce que tu as **écrites** à mamie?

Die reflexiven Verben: Angleichung des Participe passé

Regel: Ist das Reflexivpronomen ein indirektes Objekt, dann wird das *Participe passé* nicht angeglichen.

Hinweis: Steht nach dem reflexiven Verb ein direktes Objekt, so ist das Reflexivpronomen automatisch indirektes Objekt.

Beispiele:	
Elles se sont demandé.	*demander* ***à*** *qn* ➛ Reflexivpronomen ist indirektes Objekt.
Ils se sont brossé **les dents.**	*les dents* ist direktes Objekt ➛ Reflexivpronomen ist indirektes Objekt.

Das Participe présent

Regeln:

- Um das *Participe présent* zu bilden, nimmst du den Stamm der 1. Person Plural Präsens und hängst die Endung *-ant* an. Es ist unveränderlich. Du kannst es in jeder Zeit und jedem Modus mit dem Hauptsatz verbinden.
  Achtung: Drei Verben haben ein unregelmäßiges *Participe présent:*

avoir être savoir	ayant étant sachant

- Das *Participe présent* verwendest du, um Kausalsätze *(comme, parce que)* und Relativsätze mit *qui* zu kürzen.

Beispiele:	
Comme je **voulais** acheter un livre, je suis entré dans la librairie.	**Voulant** acheter un livre, je suis entré dans la librairie.
Il y avait des touristes **qui prenaient** des photos.	Il y avait des touristes **prenant** des photos.

Transitive und intransitive Verben

Regeln:

- Transitiv bedeutet, dass die Verben mit einem direkten Objekt stehen, bei intransitivem Gebrauch stehen sie ohne Objekt. Im Französischen gibt es vier dieser Verben: *descendre, monter, rentrer, sortir*.
- Wichtig ist der Gebrauch für die zusammengesetzten Zeiten:
  Transitiver Gebrauch: Bildung mit *avoir*
  Intransitiver Gebrauch: Bildung mit *être*

Beispiele:	
Elles sont descendues.	Elles ont descendu la valise.
Nous sommes montés.	Nous avons monté les bagages.
Je ne suis pas sorti aujourd'hui.	Je n'ai pas encore sorti le chien aujourd'hui.

Die Zeitenfolge in der indirekten Rede

Regel: Möchtest du einen Satz in der indirekten Rede wiedergeben und das redeeinleitende Verb steht in der Vergangenheit, musst du im Nebensatz folgende Zeitverschiebungen beachten:

Direkte Rede / Frage	Indirekte Rede / Frage
Présent ➛	Imparfait
Passé composé ➛	Plus-que-parfait
Futur simple ➛	Conditionnel présent

Hinweis: Achte auch auf das Anpassen der Zeit- und Ortsangaben:

Direkte Rede / Frage	Indirekte Rede / Frage
hier ➛	la veille
aujourd'hui ➛	ce jour-là
demain ➛	le lendemain
ici ➛	là-bas

Hinweis: Steht das Verb in der direkten Rede bereits im *Imparfait, Plus-que-parfait, Conditionnel présent* oder *Conditionnel passé*, dann findet keine Zeitverschiebung mehr statt.

Beispiele:

Direkte Rede / Frage	Indirekte Rede / Frage
Louisa a demandé: « Qu'est-ce que nous jouons? »	Louisa a demandé ce que nous jouions.
Julien a raconté: « Je serais venu, mais … »	Julien a raconté qu'il serait venu, mais …

Die Verneinung mit *ne ... ni ... ni*

Regel: *Ne ... ni ... ni* verwendest du, um zwei Objekte zu verneinen. Um zwei Subjekte zu verneinen, verwende *ni ... ni ... ne*. Dabei steht *ne* vor dem Verb.

Beispiele:	
Je joue de la trompette et du piano.	Je ne joue ni de la trompette ni du piano.
Ma sœur et mon frère sont à la maison.	Ni ma sœur ni mon frère ne sont à la maison.

2 Pronomen

Die Demonstrativpronomen

	maskulin	**feminin**
Singular	celui	celle
Plural	ceux	celles

Regel: Die Demonstrativpronomen können nicht allein stehen, sondern nur in Verbindung mit einem Stützwort (*-ci* / *-là*), einem Relativsatz (mit *qui* / *que* / *dont* / *où*) oder einer präpositionalen Ergänzung (z. B. mit *avec* / *de* / *sans*).

Beispiele:	
Quel film est-ce-que tu veux voir?	**Celui-ci** ou **celui-là**?
Tu prends quelle photo?	Je prends **celle qui** est dans la cuisine.
C'est sont tes chaussures?	Non, ce sont **celles de** mon frère.

Die Fragepronomen *lequel* und *quoi*

Regeln:

- Die Formen des Fragepronomens *lequel* richten sich in Genus und Numerus nach den Bezugswörtern, sie lauten:

	maskulin	feminin
Singular	lequel	laquelle
Plural	lesquels	lesquelles

Hinweis: Du kennst diese Formen bereits vom Relativpronomen *lequel*.

Beispiele:	
Nous avons visité un musée. ➛	**Lequel?**
Tu as vu l'affiche? ➛	**Laquelle?**
Je veux vendre mes livres. ➛	**Lesquels?**

- Die Fragepronomen können auch mit Präpositionen verwendet werden. Bei den Präpositionen *à* und *de* ergeben sich folgende Formen:

	maskulin	feminin
Singular	auquel/duquel	à laquelle/de laquelle
Plural	auxquels /desquels	auxquelles/desquelles

Beispiele:	
J'ai visité le Louvre avec une copine. ➛	**Avec laquelle?**
Tu peux demander au prof? ➛	**Auquel?**
Elle raconte de sa tante. ➛	**De laquelle?**

- Mit dem Fragepronomen *quoi* kannst du nach Sachen fragen oder dein Erstaunen ausdrücken. Verwenden kannst du es nach Präpositionen, vor Infinitiven, in Sät-

5

zen ohne Verb oder in Sätzen mit einem nachgestellten Fragewort.

Beispiele:
Un « gri-gri », c'est quoi?
Tu racontes de quoi?
Quoi? Tu parles ... !

Die Possessivpronomen

Regel: Mit den Possessivpronomen kannst du einen Possessivbegleiter und das Nomen ersetzen. Die Possessivpronomen stehen immer mit einem bestimmten Artikel. Die Formen richten sich in Genus und Numerus nach dem zu ersetzenden Nomen, sie lauten:

Maskulin:

Besitzer	Singular	Plural
ich	le mien	les miens
du	le tien	les tiens
er/sie	le sien	les siens
wir	le nôtre	les nôtres
ihr	le vôtre	les vôtres
sie	le leur	les leurs

Feminin:

Besitzer	Singular	Plural
ich	la mienne	les miennes
du	la tienne	les tiennes

er/sie	la sienne	les siennes
wir	la nôtre	les nôtres
ihr	la vôtre	les vôtres
sie	la leur	les leurs

Beispiele:	
Mes grands-parents habitent à Paris.	Et **les tiens**?
Notre jardin est près de la mer.	Et **le vôtre**?
Tes copines sont dans un club de foot?	**Les miennes** aussi.

Die Reihenfolge der Pronomen im Satz

Regel: Stehen in einem Satz mehrere Pronomen, muss eine bestimmte Reihenfolge beachtet werden:

1 →	2 →	3 →	4
me te se nous vous	le la l' les	lui leur	y en

Hinweise:

- Es können zwei Objektpronomen nur zusammen verwendet werden, wenn eines ein direktes Objektpronomen *le, la, l',* oder *les* ist.
- *Lui* und *leur* können nicht mit den direkten Objektpronomen *me, te, se, nous* und *vous* zusammen stehen. Das indirekte Objekt wird in diesem Fall mit *à* + unverbundenes Personalpronomen *(à lui, à elle, à eux, à elles)* wiedergegeben.

Regel: Die Pronomen *y* und *en* stehen nach den direkten und indirekten Objektpronomen.

Beispiele:	
Tu as écrit **la lettre à papi**?	Oui, je **la lui** ai écrite hier.
Les élèves se présentent au nouveau prof.	Les élèves se présentent **à lui**.
Luci t'a parlé de son anniversaire?	Oui, elle **m'en** a parlé la semaine passée.

Zwei Pronomen beim Imperativ

Regel: Stehen beim Imperativ zwei Pronomen, müssen bestimmte Reihenfolgen eingehalten werden:
Ist der Imperativ **bejaht**, dann stehen die **direkten Pronomen** *(le, la, l', les)* **vor den indirekten Pronomen** *(moi, toi, lui, nous, vous, leur; en)*.
Ist der Imperativ **verneint**, gilt die **gleiche Reihenfolge** der Pronomen **wie im Aussagesatz**.

Beispiele:	
Tu as mon livre!	Donne-le-moi, s'il te plaît.
Tu as reçu ton bulletin?	Montre-le-leur.
C'est ton anniversaire, aujourd'hui!	Ne m'en parle pas ...

3 Adjektive

Adjektive mit wechselnder Bedeutung bei Vor- und Nachstellung

Regel: Es gibt im Französischen Adjektive, die ihre Bedeutung verändern können. Das hängt davon ab, ob diese **vor oder nach dem Nomen** stehen.

Adjektiv vor Nomen	Adjektiv nach Nomen
une **ancienne** prof *eine ehemalige Lehrerin*	une photo **ancienne** *ein altes Foto*
certains élèves *gewisse / manche Schüler*	une voiture **certaine** *ein sicheres / zuverlässiges Auto*
cher Monsieur Leblanc *lieber Herr Leblanc*	un appareil **cher** *ein teures Gerät*
le **dernier** train *der letzte Zug*	la semaine **dernière** *die vorige Woche*
un **pauvre** homme *ein bedauernswerter Mann*	un homme **pauvre** *ein armer Mann*
mon **propre** ordinateur *mein eigener Computer*	mon bureau **propre** *mein sauberer Schreibtisch*
la **seule** solution *die einzige Lösung*	une femme **seule** *eine einsame / alleinstehende Frau*
un **triste** repas *eine kümmerliche Mahlzeit*	un jour **triste** *ein trauriger Tag*
un **vrai** problème *ein wahres / echtes Problem*	un récit **vrai** *ein wahrer (nicht erfundener) Bericht*

4 Der Satz

Die Infinitivsätze mit *pour, sans, avant de, après*

Regeln:
- Haben zwei Sätze das gleiche Subjekt, dann kannst du diese mit *pour, sans, avant de* oder *après* zusammenfügen:
- Mit: *pour / pour ne pas / avant de / sans* + Infinitiv

oder
- Mit: *après / sans* + Infinitiv der Vergangenheit (= *après / sans + avoir* oder *être + Participe passé*)

Beispiele:	
pour	
Esther invite ses copains. Elle veut fêter son anniversaire.	Esther invite ses copains pour fêter son anniversaire.
Marc se lève tôt. Il ne veut pas arriver en retard.	Marc se lève tôt pour ne pas arriver en retard.
sans	
Il mange. Il n'a pas faim.	Il mange sans avoir faim.
Il fait une fête. Il n'a pas demandé à sa mère.	Il fait une fête sans avoir demandé à sa mère.
avant de	
Elle va au cinéma. D'abord, elle fait ses devoirs.	Avant d'aller au cinéma, elle fait ses devoirs.
après	
Il est tombé. Puis il est allé chez le médecin.	Après être tombé, il est allé chez le médecin.

Hinweise:

- Die Objektpronomen, Reflexivpronomen und die Pronomen *y* und *en* werden direkt vor den Infinitiv gesetzt.
- Beim Infinitiv der Vergangenheit musst du auf die gleichen Regeln zum Angleichen des *Participe passé* achten wie beim *Passé composé*.

Beispiele:
Avant d'**y** aller, Marc fait ses devoirs. Après **lui** avoir parlé de la soirée, il va au lit. Après être **tombée, elle** est allée chez le médecin.

Passivsatz im Deutschen, Aktivsatz im Französischen

Regeln:

- Im Deutschen ist es möglich, einen Passivsatz ohne Subjekt zu bilden. Im Französischen muss eine andere Konstruktion verwendet werden:
- Ein Aktivsatz mit *on* als Subjekt:

Beispiele:	
In der Schweiz werden vier Sprachen gesprochen.	En Suisse, **on parle** quatre langues.
Hier wird nicht gelacht.	Ici, **on ne rigole** pas.
Achtung, der Fernseher wird gerade repariert.	Attention, **on est en train de réparer** la télé.

- Oder eine reflexive Konstruktion:

Beispiel:	
Audrey, das macht man nicht.	Audrey, ça ne se fait pas.

Die absolute Fragestellung

Regel: Die absolute Fragestellung auf einen Blick:

(Fragewort) + Nomen + Verb + Bindestrich und Subjektpronomen

Das Subjekt des Fragesatzes (Nomen) steht vor dem Verb und wird danach noch einmal durch das entsprechende Subjektpronomen aufgenommen. Dazwischen steht ein Bindestrich. Endet die Verbform auf **-e** oder **-a**, wird zwischen Verb und Subjektpronomen ein **-t-** eingefügt.

Beispiele:
Les élèves ont-ils préparé l'exposé? Combien de fois Christian a-t-il demandé?

Hinweis: Nach *Que …?* kann die absolute Fragestellung nicht angewandt werden.

Die Hervorhebung mit *c'est … qui / c'est … que*

Regel: Mit *c'est … qui* betonst du das Subjekt eines Satzes. Bei *eux / elles* sowie Nomen im Plural kann auch *ce sont … qui* eingesetzt werden. Mit *c'est … que* betonst du direkte und indirekte Objekte und adverbiale Bestimmungen.

Beispiele:	
C'est Léo **qui** est venu.	*Léo ist gekommen*
C'est / Ce sont Bastian et Léa **qui** préparent la fête.	*Bastian und Léa bereiten das Fest vor.*
C'est nous **qui** t'invitons.	*Wir laden dich ein.*
C'est / Ce sont les cours de sport **que** j'aime.	*Die Sportstunden mag ich.*

5 *tant* und *autant*

Regeln:

- *Tant* und *autant* sind Mengenangaben. Unterscheide folgende Formen:

***tant de* + Nomen (Mengenadverb + Ergänzung)**	
Il y a **tant de** touristes qu'il faut attendre une heure.	*Es gibt so viele Touristen, dass man eine Stunde warten muss.*
***tant* (ohne *de*-Ergänzung): Ausdruck eines hohen Grades (so viel, so sehr)**	
Elle nettoie chaque jour sa voiture **tant** elle l'aime.	*Sie putzt ihr Auto jeden Tag, so sehr liebt sie es.*
***tant que:* (so viel, so sehr) + Nebensatz, leitet eine Folge ein**	
Il a **tant** travaillé **qu**'il a reçu 18 points.	*Er hat so viel gearbeitet, dass er 18 Punkte erhalten hat.*
Mengenadverb *autant*: Vergleich bei Nomen; Anschluss des Nomens mit *de*, Bezugswort mit *que*	
Thibaut a écrit **autant de** mots **que** Christelle.	*Thibaut hat genauso viele Wörter wie Christelle geschrieben.*
Mengenadverb *autant*: Vergleich bei Verben, Anschluss des Bezugswortes mit *que*	
Thibaut a écrit **autant que** Christelle.	*Thibaut hat genauso viel geschrieben wie Christelle.*

5

6 Überblick über die wichtigsten Präpositionen

Beispiele:	
à la gare/**à** Paris	am/in
à côté de l'immeuble	neben
à droite de la maison	rechts
à gauche du carrefour	links
à travers la ville	durch
après l'école	nach
avant le repas	vor *(zeitlich)*
avec un ami	mit
chez mamie	bei (jmd.)
contre cet argument	gegen
dans le cinéma	im
derrière la maison	hinter
depuis un an	seit
devant la librairie	vor *(bei Ortsangaben)*
en allemand	auf
en face de la boulangerie	gegenüber
en vélo	mit
entre la maison et le jardin	zwischen
il y a 2 ans	vor *(zeitlich)*
jusqu'à 8 heures	bis
pendant l'école	während
pour ma mère	für
près de mon club	neben/nahe bei
sans moi	ohne
sauf toi	außer
sous la chaise	unter
sur la chaise	auf
vers la fenêtre	auf das Fenster zu

Online-Abschlusstest

In diesem Kapitel konntest du alle Grammatikthemen von Découvertes 5 nachlesen.

Unter www.kompaktwissen.klettlerntraining.de kannst du nun überprüfen, wie sicher du den Stoff von Découvertes 5 beherrschst.

Zu den Themen von Découvertes 5 erhältst du Tests mit Aufgaben. Wenn du sie bearbeitet hast, bekommst du am Ende der Tests eine Auswertung.

Willst du immer im Blick haben, welche Themen du schon kannst oder was du besser nochmals wiederholst? Dann übertrage deine Online-Ergebnisse unten in die Tabelle.

Viel Erfolg beim Online-Test!

Mein Ergebnis im Online-Test – Découvertes 5

Thema	☒ Test gut bestanden	☒ will ich wiederholen
Zeiten und Modi		
Pronomen		
Adjektive		
Infinitivsätze mit *pour, sans, avant de, après*		

Infinitif		Présent	Passé composé	
aller (*gehen, fahren, reisen*) Ebenso: **s'en aller** (*weggehen, wegfahren*)	je / j' tu il nous vous ils	vais vas va allons allez vont	je suis allé(e)	
avoir (*haben*)	j' tu il nous vous ils	ai as a avons avez ont	j'ai eu	
boire (*trinken*)	je tu il nous vous ils	bois bois boit buvons buvez boivent	j'ai bu	
connaître (*etw./jdn kennen*) Ebenso: **reconnaître** (*wiedererkennen*)	je tu il nous vous ils	connais connais connaît connaissons connaissez connaissent	j'ai connu	
croire qc (*etw. glauben*)	je tu il nous vous ils	crois crois croit croyons croyez croient	j'ai cru	
devoir faire qc (*etw. tun müssen*)	je tu il nous vous ils	dois dois doit devons devez doivent	j'ai dû	

UNREGELMÄSSIGE VERBEN

	Imparfait	Futur simple Conditionnel présent	Subjonctif présent	Impératif
	allais allais allait allions alliez allaient	j'irai nous irons j'irais nous irions	aille ailles aille allions ailliez aillent	va allons allez
	avais avais avait avions aviez avaient	j'aurai nous aurons j'aurais nous aurions	aie aies ait ayons ayez aient	aie ayons ayez **Gérondif:** en ayant
	buvais buvais buvait buvions buviez buvaient	je boirai ns boirons je boirais ns boirions	boive boives boive buvions buviez boivent	bois buvons buvez
	connaissais connaissais connaissait connaissions connaissiez connaissaient	je connaîtrai ns connaîtrons je connaîtrais ns connaîtrions	connaisse connaisses connaisse connaissions connaissiez connaissent	connais connaissons connaissez
	croyais croyais croyait croyions croyiez croyaient	je croirai ns croirons je croirais ns croirions	croie croies croie croyions croyez croient	crois croyons croyez
	devais devais devait devions deviez devaient	je devrai ns devrons je devrais ns devrions	doive doives doive devions deviez doivent	—

Infinitif		Présent	Passé composé
dire que (*sagen, dass…*); **dire** qc à qn (*jdm etw. sagen*)	je tu il nous vous ils	dis dis dit disons dites disent	j'ai dit
être (*sein*)	je / j' tu il nous vous ils	suis es est sommes êtes sont	j'ai été
faire qc (*etw. machen*)	je tu il nous vous ils	fais fais fait faisons faites font	j'ai fait
falloir (*brauchen, müssen*)	il	faut	il a fallu
mettre qc (*etw. setzen, stellen, legen, anziehen*) Ebenso: **permettre** (*erlauben*), **promettre** (*versprechen*), **transmettre** (*übermitteln*)	je tu elle nous vous ils	mets mets met mettons mettez mettent	j'ai mis

	Imparfait	Futur simple / Conditionnel présent	Subjonctif présent	Impératif
	disais disais disait disions disiez disaient	je dirai ns dirons ——— je dirais ns dirions	dise dises dise disions disiez disent	dis disons dites
	étais étais était étions étiez étaient	je serai ns serons ——— je serais ns serions	sois sois soit soyons soyez soient	sois soyons soyez **Gérondif:** en étant
	faisais faisais faisait faisions faisiez faisaient	je ferai ns ferons ——— je ferais ns ferions	fasse fasses fasse fassions fassiez fassent	fais faisons faites
	fallait	faudra ——— faudrait	faille	—
	mettais mettais mettait mettions mettiez mettaient	je mettrai ns mettrons ——— je mettrais ns mettrions	mette mettes mette mettions mettiez mettent	mets mettons mettez

Infinitif		Présent	Passé composé	
naître (*geboren werden*)	je tu elle nous vous ils	nais nais naît naissons naissez naissent	je suis né(e)	
ouvrir qc (*etw. öffnen*) Ebenso: **découvrir** (*entdecken*), **offrir** (*anbieten*), **rouvrir** (*wieder aufmachen*)	j' tu il nous vous ils	ouvre ouvres ouvre ouvrons ouvrez ouvrent	j'ai ouvert	
pleuvoir (*regnen*)	il	pleut	il a plu	
pouvoir (*können*)	je tu il nous vous ils	peux peux peut pouvons pouvez peuvent	j'ai pu	
prendre qc (*etw. nehmen*) Ebenso: **apprendre** (*lernen*), **comprendre** (*verstehen*), **surprendre** (*überraschen*)	je tu il nous vous ils	prends prends prend prenons prenez prennent	j'ai pris	
recevoir qc (*etw. empfangen*)	je tu il nous vous ils	reçois reçois reçoit recevons recevez reçoivent	j'ai reçu	

	Imparfait	Futur simple — Conditionnel présent	Subjonctif présent	Impératif
	naissais naissais naissait naissions naissiez naissaient	je naîtrai ns naîtrons — je naîtrais ns naîtrions	naisse naisses naisse naissions naissiez naissent	nais naissons naissez
	ouvrais ouvrais ouvrait ouvrions ouvriez ouvraient	j'ouvrirai ns ouvrirons — j'ouvrirais ns ouvririons	ouvre ouvres ouvre ouvrions ouvriez ouvrent	ouvre ouvrons ouvrez
	pleuvait	il pleuvra — il pleuvrait	pleuve	—
	pouvais pouvais pouvait pouvions pouviez pouvaient	je pourrai ns pourrons — je pourrais ns pourrions	puisse puisses puisse puissions puissiez puissent	—
	prenais prenais prenais prenions preniez prenaient	je prendrai ns prendrons — je prendrais ns prendrions	prenne prennes prenne prenions preniez prennent	prends prenons prenez
	recevais recevais recevait recevions receviez recevaient	je recevrai ns recevrons — je recevrais ns recevrions	reçoive reçoives reçoive recevions reçoiviez reçoivent	reçois recevons recevez

Infinitif		Présent	Passé composé	
savoir (*wissen, können*)	je tu il nous vous ils	sais sais sait savons savez savent	j'ai su	
venir (*kommen*) Ebenso: **devenir** (*werden*), **revenir** (*zurückkommen*)	je tu il nous vous ils	viens viens vient venons venez viennent	je suis venu(e)	
vivre (*leben*)	je tu il nous vous ils	vis vis vit vivons vivez vivent	j'ai vécu	
voir qn/qc (*jdn/etw. sehen*) Ebenso: **revoir** (*wiedersehen*)	je tu il nous vous ils	vois vois voit voyons voyez voient	j'ai vu	
vouloir qc (*etw. wollen*)	je tu il nous vous ils	veux veux veut voulons voulez veulent	j'ai voulu	

Imparfait	Futur simple / Conditionnel présent	Subjonctif présent	Impératif
savais savais savait savions saviez savaient	je saurai ns saurons ——— je saurais ns saurions	**sache** saches sache sachions sachiez sachent	**sache** **sachons** **sachez** **Gérondif:** en sachant
venais venais venait venions veniez venaient	je viendrai ns viendrons ——— je viendrais ns viendrions	**vienne** **viennes** **vienne** venions veniez **vienn**ent	viens venons venez
vivais vivais vivait vivions viviez vivaient	je vivrai ns vivrons ——— je vivrais ns vivrions	vive vives vive vivions viviez vivent	vis vivons vivez
voyais voyais voyait voyions voyiez voyaient	je verrai ns verrons ——— je verrais ns verrions	voie voies voie voyions voyiez voient	vois voyons voyez
voulais voulais voulait voulions vouliez voulaient	je voudrai ns voudrons ——— je voudrais ns voudrions	veuille veuilles veuille voulions vouliez veuillent	—

A

à
- + *le, la, les* 39
- + Infinitiv 63
- + *lequel* 107–109

acheter 19
Adjektive
- Grundformen 41
- Spezielle Formen 42, 81
- Stellung 40, 177
- mit Ergänzung *(à, de)* 144
- Steigerung 82, 115

Adverbien
- Grundformen 116
- Spezielle Formen 117
- Gebrauch 118
- Satzstellung 118
- Steigerung 120

Adverbialpronomen *en, y* 71, 109
appeler 54, 60
après 113, 119, 178
Artikel 11
aucun, aucune 145, 148
Aussagesatz 33
autre 40, 148
avant de 113, 178
avant que 163
avoir 21, 28, 57

B

beau 81
Bedingungssatz 98, 138–140, 166
Begleiter 26, 36–38, 79–81, 147
bien 117, 119, 121
bien que 103
bon 40, 42, 83, 117

C

ce, cet, cette, ces 38, 79
celui, celle, ... 110, 151, 172
ce qui / ce que 105
certains, certaines 148, 177
chacun, chacune 148
chaque 147
chercher 17
commencer 19, 60, 61
conditionnel 97, 136, 139, 165

D

Datum 79
de
- *de + le, la, les* 39
- Mengenangaben 42
- + Infinitiv 63
- + *lequel* 107–109

Demonstrativbegleiter *(ce, cette ...)* 38, 79
Demonstrativpronomen *(celui, celle ...)* 110, 151, 172
des 39
dont 106
dormir 20, 28, 48, 60

E

en 71, 109
Entscheidungsfrage 30
Ergänzungsfrage 30
est-ce que 30
être 21, 28, 57

F

finir 49
Frage 30–33, 73–76, 111, 180
- Fragewörter 31, 73
- mit *est-ce que* 30

Futur antérieur (Futur II) 167
Futur composé (futur proche)
Futur simple 95